Kathrin Mayer

Aufsatz- und Schreibformen

Diagnose – Übung – Test

5. Klasse

Kopiervorlagen mit Lösungen

Gedruckt auf umweltbewusst gefertigtem, chlorfrei gebleichtem
und alterungsbeständigem Papier.

1. Auflage 2010
Nach den seit 2006 amtlich gültigen Regelungen der Rechtschreibung
© by Brigg Pädagogik Verlag GmbH, Augsburg
Illustrationen: Bettina Weller

ISBN 978-3-87101-**536**-6
www.brigg-paedagogik.de

Inhalt

Vorwort

Schreiben ist ein unverzichtbarer Teil in der schulischen Praxis, aber auch in persönlichen, alltäglichen Situationen, denn es dient der Kommunikation mit anderen sowie der Dokumentation von eigenen Gedanken und eigenen Arbeitsergebnissen. Außerdem fördert das Schreiben in der Schule die Entwicklung des Denkens und unterstützt den Lernprozess. Wir kennen es von uns selbst: Habe ich mir etwas notiert, dann behalte ich den Inhalt des Geschriebenen besser im Gedächtnis.

So gilt es also in der Schule, situationsadäquate, sprachliche Standards zu entwickeln, damit die Schüler sich Schritt für Schritt ein Repertoire von Stilen aneignen, das den kommunikativen Situationen gerecht wird: Andere zu informieren, anderen etwas zu berichten oder Geschichten zu erzählen, jemandem einen Weg zu beschreiben oder andere um etwas zu bitten erfordert jeweils unterschiedliche sprachliche Mittel, die über den Vorgang des eigenen Schreibens Erfolg versprechend eingeführt und trainiert werden können. So haben sich verschiedene Textmuster zur Realisierung von Schreibintentionen herausgebildet: Berichten, Beschreiben, Erzählen. Diese Muster geben gerade den Schülerinnen und Schülern, die über eine eher geringe Kompetenz im schriftlichen (und auch im mündlich adäquaten) Ausdruck verfügen, Orientierung und Halt.

Die Fähigkeit, angemessen zu schreiben, hängt unmittelbar mit der Lesefähigkeit zusammen. Daher sind diesen Kopiervorlagen zu den Schreibformen in der fünften Jahrgangsstufe, in denen die Lerngruppen meist neu zusammengesetzt werden, Möglichkeiten zur Diagnose der Lesefähigkeit und ein kleiner Leselehrgang vorangestellt. Somit können bei Bedarf die unterschiedlichen Lernstände im Lesen ausgeglichen werden. Danach folgen fünf Einheiten zu den kommunikativen Textfunktionen Erzählen, Berichten, Beschreiben und adressatenorientiertes Schreiben.

Ganz bewusst setzen diese Kopiervorlagen beim unteren Niveau an. Die Übungen mit der Ziffer 1 beinhalten das Basis-Niveau, Übungen mit der Ziffer 2 das mittlere (die erste Aufbauübung) und Übungen mit der Ziffer 3 das höhere Niveau (die zweite Aufbauübung). Übungen, die mit A und B gekennzeichnet sind, eignen sich zur Partner- und Gruppenarbeit. Die Kopfleiste der Kopiervorlage gibt Hinweise auf die Angabe zur kommunikativen Textfunktion, dem Thema der Kopiervorlage und der Übungsnummer.

Die Lösungen befinden sich jeweils auf der Rückseite der Kopiervorlage.

Viel Spaß und Erfolg wünschen

Kathrin Mayer und die Verlagsredaktion

A. Diagnose: Lesefertigkeit

Der Natur abgeschaut!

(1) Schwimmflossen, Taucherbrille und Schnorchel – für alle „Wasserratten" unentbehrlich. Mit den Flossen zum Beispiel können wir viel schneller schwimmen. Denn sie helfen uns, bei jeder Bewegung der Beine mehr Wasser „wegzuschieben" – genau wie es die Frösche mit ihren Schwimmhäuten zwischen Fingern und Zehen tun. Vögel, die auf dem Wasser schwimmen, benutzen ihre Füße als Paddel. Auch sie bewegen sich schnell vorwärts. Denn sie schieben mit den Schwimmhäuten Wasser nach hinten.

(2) Was aber, wenn du dir die Schwimmflossen schon am Strand anziehst? Dann kommst du auf dem Weg zum Wasser nur langsam und unbeholfen voran. Genauso wie eine Robbe an Land. Die würde in diesem Fall bestimmt auch lieber ihre Flossen ausziehen und mit Füßen laufen können.

(3) Dass man mit dem Schnorchel auch unter Wasser atmen kann, haben übrigens die Indianer entdeckt. Sie verwendeten dazu Halme vom Schilfrohr. Denn deren Inneres ist hohl und luftdurchlässig, damit die Wurzeln der Pflanze im schlammigen Boden mit Luft versorgt werden.

(4) Schwimmflossen und Schnorchel sind nur zwei von vielen Dingen, die wir Tieren und Pflanzen abgeschaut haben. Es gibt sogar eine eigene Wissenschaft, die sich mit dem Lernen von der Natur beschäftigt. Sie heißt Bionik. Der Begriff ist zusammengesetzt aus Biologie und Technik. Überall in unserem Alltag stecken Ideen, die unsere Natur zuerst hatte.

(Aus: Floh! Nr. 20/2008; S. 3)

Aufgabe 1 a: Unterstreiche im Text den Satz, der von den Erfindern des Schnorchels berichtet.

Aufgabe 1 b: Unterstreiche im Text den Fachbegriff für die Wissenschaft von den Lehren der Natur.

Aufgabe 1 c: Ordne den folgenden Überschriften den jeweiligen Textabschnitt zu.

Überschrift	Nummer des Abschnittes
Die Wissenschaft der Naturideen	
Nachteil von Flossen	
Die Wirkung der Flossen	
Die Erfindung des Schnorchels	

Aufgabe 1 d: Kreuze die richtigen Aussagen an

Wir benutzen Flossen, um so schnell zu schwimmen wie eine Ente.	
Die Halme des Schilfrohres sind hohl, damit die Pflanze mit Sauerstoff versorgt wird.	
Der Text berichtet von der Erfindung der Taucherbrille.	
Die Bionik beschäftigt sich damit, Ideen aus der Natur für unser Leben nutzbar zu machen.	
Eine Robbe ist an Land genauso schnell wie im Wasser.	
Die Indianer brauchen Schnorchel, weil das Wasser so schlammig ist.	

Kathrin Mayer: Aufsatz- und Schreibformen · 5. Klasse · Best.-Nr. 536
© Brigg Pädagogik Verlag GmbH, Augsburg

Der Natur abgeschaut!

(1) Schwimmflossen, Taucherbrille und Schnorchel – für alle „Wasserratten" unentbehrlich. Mit den Flossen zum Beispiel können wir viel schneller schwimmen. Denn sie helfen uns, bei jeder Bewegung der Beine mehr Wasser „wegzuschieben" – genau wie es die Frösche mit ihren Schwimmhäuten zwischen Fingern und Zehen tun. Vögel, die auf dem Wasser schwimmen, benutzen ihre Füße als Paddel. Auch sie bewegen sich schnell vorwärts. Denn sie schieben mit den Schwimmhäuten Wasser nach hinten.

(2) Was aber, wenn du dir die Schwimmflossen schon am Strand anziehst? Dann kommst du auf dem Weg zum Wasser nur langsam und unbeholfen voran. Genauso wie eine Robbe an Land. Die würde in diesem Fall bestimmt auch lieber ihre Flossen ausziehen und mit Füßen laufen können.

(3) <u>Dass man mit dem Schnorchel auch unter Wasser atmen kann, haben übrigens die Indianer entdeckt.</u> Sie verwendeten dazu Halme vom Schilfrohr. Denn deren Inneres ist hohl und luftdurchlässig, damit die Wurzeln der Pflanze im schlammigen Boden mit Luft versorgt werden.

(4) Schwimmflossen und Schnorchel sind nur zwei von vielen Dingen, die wir Tieren und Pflanzen abgeschaut haben. Es gibt sogar eine eigene Wissenschaft, die sich mit dem Lernen von der Natur beschäftigt. Sie heißt <u>Bionik</u>. Der Begriff ist zusammengesetzt aus Biologie und Technik. Überall in unserem Alltag stecken Ideen, die unsere Natur zuerst hatte.

(Aus: Floh! Nr. 20/2008; S. 3)

Aufgabe 1 a: Unterstreiche im Text den Satz, der von den Erfindern des Schnorchels berichtet.
Aufgabe 1 b: Unterstreiche im Text den Fachbegriff für die Wissenschaft von den Lehren der Natur.
Aufgabe 1 c: Ordne den folgenden Überschriften den jeweiligen Textabschnitt zu.

Überschrift	Nummer des Abschnittes
Die Wissenschaft der Naturideen	*4*
Nachteil von Flossen	*2*
Die Wirkung der Flossen	*1*
Die Erfindung des Schnorchels	*3*

Aufgabe 1 d: Kreuze die richtigen Aussagen an

Wir benutzen Flossen, um so schnell zu schwimmen wie eine Ente.	
Die Halme des Schilfrohres sind hohl, damit die Pflanze mit Sauerstoff versorgt wird.	X
Der Text berichtet von der Erfindung der Taucherbrille.	
Die Bionik beschäftigt sich damit, Ideen aus der Natur für unser Leben nutzbar zu machen.	X
Eine Robbe ist an Land genauso schnell wie im Wasser.	
Die Indianer brauchen Schnorchel, weil das Wasser so schlammig ist.	

Nie mehr Fensterputzen?

(1) Und trotzdem immer klare Sicht haben? Die Wissenschaftler arbeiten tatsächlich daran, uns das Fensterputzen zu ersparen – genau wie das Autowaschen oder Schuhepolieren. Denn alles wäre selbstreinigend. Als Vorbild haben sich Forscher die Lotosblume genommen. Das ist eine tropische Seerosenart. Auf der Oberfläche ihrer Blätter bleibt kein Schmutz, ja nicht einmal Klebstoff haften.

(2) Wie aber sieht der Trick aus, den die Pflanze anwendet? Unter dem Mikroskop wurde entdeckt, dass die Oberfläche eines Blattes der Lotosblume nicht etwa ganz glatt, sondern mit winzigen Noppen überzogen ist. Sie besteht aus Wachs, das vom Blatt abgesondert wird. Auf diesen Noppen bleiben die Schmutzteilchen hängen und können gar nicht bis zur eigentlichen Oberfläche des Blattes vordringen. Ein Regenschauer genügt, und die Tropfen reißen die Schmutzteilchen von den Noppen weg. Das Blatt ist wieder sauber.

(3) Bei einer Hauswandfarbe hat man diesen „Lotostrick" schon erfolgreich ausprobiert. Wenn sie aufgetragen und getrocknet ist, dann bilden sich winzige Erhebungen – wie die Noppen auf den Lotosblättern. Nach jedem Regen trocknet die Hauswand schnell wieder ab und ist wie frisch gestrichen.

(4) Solche selbstreinigenden Oberflächen nützen aber nicht nur Putzmuffeln, sondern auch unserer Umwelt. Tonnen von Reinigungsmitteln könnten so eingespart werden. Es ist sogar schon gelungen, einen Autolack herzustellen, der keine Wäsche braucht. Doch er ist rauer und glänzt nicht so richtig schön zum Vorzeigen. Deshalb kommt dieser praktische Autolack bei der Autoindustrie bisher auch nicht so gut an.

(Aus: Floh! Nr. 20/2008; S. 23)

Lies den Text aufmerksam durch und löse dann die Aufgaben.
Aufgabe 2a: Finde für die einzelnen Abschnitte passende Überschriften.

1	
2	
3	
4	

Aufgabe 2b: Streiche die falschen Aussagen durch.

a) An der selbstreinigenden Lotosblume bleibt nur Klebstoff haften.
b) Jeder Regenschauer macht die Blume wieder sauber.
c) Die Lotosblume produziert Wachs.
d) Die Blätter der Lotosblume sind deshalb auch ganz glatt.
e) Selbstreinigende Farben und Lacke schonen die Umwelt.
f) Leider funktioniert der Lotostrick bei Farben noch nicht.

Aufgabe 2c: Vervollständige folgende Satzanfänge:

Der Trick der Lotosblume besteht darin, dass _____

_____.

Die Autoindustrie lehnt den Lotoslack ab, weil _____

_____.

Kathrin Mayer: Aufsatz- und Schreibformen · 5. Klasse · Best.-Nr. 536
© Brigg Pädagogik Verlag GmbH, Augsburg

Nie mehr Fensterputzen?

(1) Und trotzdem immer klare Sicht haben? Die Wissenschaftler arbeiten tatsächlich daran, uns das Fensterputzen zu ersparen – genau wie das Autowaschen oder Schuhepolieren. Denn alles wäre selbstreinigend. Als Vorbild haben sich Forscher die Lotosblume genommen. Das ist eine tropische Seerosenart. Auf der Oberfläche ihrer Blätter bleibt kein Schmutz, ja nicht einmal Klebstoff haften.

(2) Wie aber sieht der Trick aus, den die Pflanze anwendet? Unter dem Mikroskop wurde entdeckt, dass die Oberfläche eines Blattes der Lotosblume nicht etwa ganz glatt, sondern mit winzigen Noppen überzogen ist. Sie besteht aus Wachs, das vom Blatt abgesondert wird. Auf diesen Noppen bleiben die Schmutzteilchen hängen und können gar nicht bis zur eigentlichen Oberfläche des Blattes vordringen. Ein Regenschauer genügt, und die Tropfen reißen die Schmutzteilchen von den Noppen weg. Das Blatt ist wieder sauber.

(3) Bei einer Hauswandfarbe hat man diesen „Lotostrick" schon erfolgreich ausprobiert. Wenn sie aufgetragen und getrocknet ist, dann bilden sich winzige Erhebungen – wie die Noppen auf den Lotosblättern. Nach jedem Regen trocknet die Hauswand schnell wieder ab und ist wie frisch gestrichen.

(4) Solche selbstreinigenden Oberflächen nützen aber nicht nur Putzmuffeln, sondern auch unserer Umwelt. Tonnen von Reinigungsmitteln könnten so eingespart werden. Es ist sogar schon gelungen, einen Autolack herzustellen, der keine Wäsche braucht. Doch er ist rauer und glänzt nicht so richtig schön zum Vorzeigen. Deshalb kommt dieser praktische Autolack bei der Autoindustrie bisher auch nicht so gut an.

(Aus: Floh! Nr. 20/2008; S. 23)

Lies den Text aufmerksam durch und löse dann die Aufgaben.
Aufgabe 2a: Finde für die einzelnen Abschnitte passende Überschriften.

1	*Die selbstreinigende Lotosblume als Vorbild*
2	*Wie funktioniert die Selbstreinigung?*
3	*Die Anwendung des Lotostricks*
4	*Vorteile der selbstreinigenden Farbe*

Aufgabe 2b: Streiche die falschen Aussagen durch.

a) ~~An der selbstreinigenden Lotosblume bleibt nur Klebstoff haften.~~
b) Jeder Regenschauer macht die Blume wieder sauber.
c) Die Lotosblume produziert Wachs.
d) ~~Die Blätter der Lotosblume sind deshalb auch ganz glatt.~~
e) Selbstreinigende Farben und Lacke schonen die Umwelt.
f) ~~Leider funktioniert der Lotostrick bei Farben noch nicht.~~

Aufgabe 2c: Vervollständige folgende Satzanfänge:

Der Trick der Lotosblume besteht darin, dass **die Noppen aus Wachs den Kontakt mit der Oberfläche des Blattes verhindern**.

Die Autoindustrie lehnt den Lotoslack ab, weil **er rauer ist und nicht so schön glänzt**.

Kathrin Mayer: Aufsatz- und Schreibformen · 5. Klasse · Best.-Nr. 536
© Brigg Pädagogik Verlag GmbH, Augsburg

Was kann ich von Cola-Dosen lernen?

Versteinerte Knochen sind für die Wissenschaftler wie eine Flaschenpost aus der Vergangenheit, eine Botschaft, die sie mit vielen Tricks entziffern müssen. Dinoknochen wurden auf der ganzen Welt gefunden, in Amerika, Asien, Australien. Die Kontinente waren zur Zeit der Dinos noch miteinander verbunden. Das älteste Reptil, das der
5 Familie der Dinosaurier zugeordnet wird, lag in Madagaskar, es wird auf 230 Millionen Jahre geschätzt. Um diese Zeit begannen die Dinosaurier ihre Karriere.
Woher wissen die Wissenschaftler so genau, wie alt die Überreste von Tieren sind? Eigentlich ist das gar nicht so schwer. Wie in einem Haushalt fällt auch auf der Erde immer Abfall an: Sandstaub, Lava, Pflanzenreste, Tierskelette. Und so wie der Haus-
10 haltsmüll auf die Mülldeponie wandert, fällt der Erdmüll auf den Boden und bildet dort eine Schicht, die stets von neuen Schichten bedeckt wird. Die ältesten Abfallschichten liegen ganz unten und sind am stärksten verrottet, die jüngeren liegen oben. Die Schichten, in denen Dino-Reste gefunden wurden, heißen Trias, Jura und Kreide. […] Jede Schicht auf der Erde ist typisch für eine bestimmte Zeit. So würden zukünftige
15 Forscher, wenn sie in hunderttausend Jahren im heutigen Amerika eine Ausgrabung machen, irgendwann auf eine Schicht mit ziemlich vielen Cola-Dosen und CDs stoßen. Wenn sie dann noch einen Dollar finden mit einem Datum drauf, wissen sie: Immer wenn wir irgendwo auf der Welt Cola-Dosen ausgraben, werden sie ungefähr aus dem 20. Jahrhundert stammen. Die Wissenschaftler müssen also nur einmal das Alter einer
20 Schicht genau bestimmen, dann können sie es auf die ganze Welt übertragen. […] Die Erdschichten verraten eine ganze Menge, wenn man sie untersucht wie ein Detektiv. Die Wissenschaftler erforschen die Überreste von Pflanzen und Tieren und können auf diese Weise herausfinden, wie die Umwelt damals aussah, wie warm es war, ob es viel regnete, ob Sommer und Winter sehr unterschiedlich ausfielen. […]
25 Finden sich beispielsweise in einer urzeitlichen Schicht Überreste von Korallen, kann man daraus schließen, dass in dieser Zeit das Wasser ziemlich warm gewesen sein muss. Korallen können nämlich nur in warmem Wasser überleben. Weitere Informationen bekommen die Wissenschaftler, wenn sie die Steine und Mineralien aus den verschiedenen Schichten analysieren. Steine sind genau wie Organismen Zeugen für
30 vergangene Zeiten. Sie sind mit der Luft und dem Wasser in ihrer Zeit ganz unterschiedliche Verbindungen eingegangen.
Paläontologen nennt man die Urzeit-Forscher. Paläontologen wissen zum Beispiel, dass es in früheren Zeiten Phasen gab, in denen sehr viel mehr Kohlendioxid in der Luft war als heute. Kohlendioxid ist ein Gas, das beim Verbrennen entsteht und Umwelt-
35 schützern große Sorgen macht. Sie befürchten, dass die Erde wegen des Kohlendioxidausstoßes von Autos oder Kraftwerken zu warm werden könnte. Auch in der Kreidezeit enthielt die Luft viel mehr Kohlendioxid als heute. Für die Dinos war das sehr vorteilhaft. Weil Pflanzen zum Wachsen Kohlendioxid brauchen, sind Farne, Nadelbäume oder Zykaden riesengroße geworden. Und die Dinos mit ihnen.

(Aus: Ulrich Janßen und Ulla Steuernagel: Die Kinder-Uni. München: dtv 2005, S. 23–25)

Kathrin Mayer: Aufsatz- und Schreibformen · 5. Klasse · Best.-Nr. 536
© Brigg Pädagogik Verlag GmbH, Augsburg

Aufgabe 3a: Kreuze an, worum es in dem Text geht:

a) Die Schädlichkeit des Kohlendioxids. ☐

b) Die Möglichkeit Erdzeitalter zu bestimmen und zu erforschen. ☐

c) Die Bedeutung der Cola-Dosen für die Menschheit. ☐

Aufgabe 3b: Beantworte die Frage der Überschrift:

Wer könnte was aus Cola-Dosen lernen?

_____

_____

Aufgabe 3c: Stelle selbst eine Frage zum Text, die nicht im Text beantwortet wird.

_____

_____

Aufgabe 3d: Womit werden im Text die versteinerten Knochen verglichen? Warum haben die Autoren diesen Vergleich gewählt?

_____

_____

Aufgabe 3e: Unterstreiche im Text den Satz, in dem die Gefahr durch Kohlendioxid benannt wird.

Aufgabe 3f: Markiere die Stelle im Text, an der der folgende Satz eingefügt werden muss, mit einem Kreuz. Begründe deine Entscheidung.

„Zum Teil können sie bis auf den Tag genau sagen, wie das Wetter vor vielen Millionen Jahren war."

_____

_____

Aufgabe 3g: Erkläre den Begriff Paläontologen.

_____

_____

Kathrin Mayer: Aufsatz- und Schreibformen · 5. Klasse · Best.-Nr. 536
© Brigg Pädagogik Verlag GmbH, Augsburg

Aufgabe 3a: Kreuze an, worum es in dem Text geht:

a) Die Schädlichkeit des Kohlendioxids. ☐

b) Die Möglichkeit Erdzeitalter zu bestimmen und zu erforschen. ☒

c) Die Bedeutung der Cola-Dosen für die Menschheit. ☐

Aufgabe 3b: Beantworte die Frage der Überschrift:

Wer könnte was aus Cola-Dosen lernen?

Forscher aus späteren Zeiten könnten aus den Funden von Cola-Dosen unser Zeitalter bestimmen, da Cola-Dosen ein typisches Überbleibsel unserer Zeit sind.

Aufgabe 3c: Stelle selbst eine Frage zum Text, die nicht im Text beantwortet wird.

z. B. Könnte es wieder Dinosaurier geben, wenn die Erde sich weiter erwärmt? – Warum war das Riesenwachstum der Pflanzen für die Dinosaurier so wichtig?

Aufgabe 3d: Womit werden im Text die versteinerten Knochen verglichen? Warum haben die Autoren diesen Vergleich gewählt?

Die versteinerten Knochen werden mit einer Flaschenpost verglichen. Die Autoren haben diesen Vergleich gewählt, weil eine Flaschenpost auch Nachrichten von einem unbekannten Absender enthält, eine unbestimmte Zeit unterwegs war und der Finder gleichzeitig der Adressat ist.

Aufgabe 3e: Unterstreiche im Text den Satz, in dem die Gefahr durch Kohlendioxid benannt wird.

Sie befürchten, dass die Erde wegen des Kohlendioxidausstoßes von Autos oder Kraftwerken zu warm werden könnte.

Aufgabe 3f: Markiere die Stelle im Text, an der der folgende Satz eingefügt werden muss, mit einem Kreuz. Begründe deine Entscheidung.
„Zum Teil können sie bis auf den Tag genau sagen, wie das Wetter vor vielen Millionen Jahren war."

Die Wissenschaftler erforschen die Überreste von Pflanzen und Tieren und können auf diese Weise herausfinden, wie die Umwelt damals aussah, wie warm es war, ob es viel regnete, ob Sommer und Winter sehr unterschiedlich ausfielen. **X** […]

Begründung: An dieser Stelle wird im Text vom Wetter geredet.

Aufgabe 3g: Erkläre den Begriff Paläontologen.

Paläontologen sind Urzeitforscher.

Kathrin Mayer: Aufsatz- und Schreibformen · 5. Klasse · Best.-Nr. 536
© Brigg Pädagogik Verlag GmbH, Augsburg

B. Leselehrgang

Was ist der Unterschied zwischen Magma und Lava?

Schon das Wort Magma klingt sehr geheimnisvoll. Es kommt aus der griechischen Sprache und bedeutet so viel wie Masse oder Brei. Geologen bezeichnen mit Magma das geschmolzene Gestein, das sich in der Erde befindet. Magma ist ein Wort, das man sich unbedingt merken sollte, wenn man etwas über Vulkane lernen will. Ohne Magma

5 gäbe es nämlich überhaupt keine Vulkane. Magma steckt im Innern aller aktiven Vulkane und brodelt vor sich hin, bis es schließlich aus einem Vulkan herauskommt. Sobald das Magma an die Erdoberfläche dringt, bekommt es einen anderen Namen. Nun heißt es Lava, und was das ist, weiß jeder, der schon einmal auf Lanzarote gewesen ist oder in einem Vulkanpark wie in der Eifel. Lava ist ein schwarzer und manchmal glühender

10 Brei, der ganz starr wird, wenn er abkühlt. Man könnte sagen, dass Lava so etwas ist wie die Spucke der Erde, die sich von unserer Spucke allerdings dadurch unterscheidet, dass sie glühend heiß ist. Wissenschaftler schauen sich die Lava genau an, denn mit ihrer Hilfe kann man verstehen, wie es im Innern der Erde aussieht. Außer der Lava kommen auch noch jede Menge Gase, Schlacke und Asche aus der Erde. (…)

15 Vulkane sind Stellen, an denen glutflüssiges geschmolzenes Gestein aus dem Erdinneren an die Oberfläche austritt. Wo ein Vulkan ist, gibt es also eine direkte Verbindung von der Oberfläche der Erde in ihr Inneres. Trotzdem kann man nicht mal eben durch einen Krater in das Erdinnere hineinspazieren. Vulkane sind massive Berge, die zum allergrößten Teil aus erkalteter, also steinharter Lava bestehen. Selbstverständlich gibt

20 es in einem aktiven Vulkan auch Magma, aber sie ist in Gängen und Kammern verborgen. Man bräuchte also, um in einen Vulkan (und hinterher in die Erde) einzutauchen, nicht nur ein extrem hitzefestes U-Boot, sondern auch einen Super-Bohrer an dessen Spitze. Leider kann man ein solches U-Boot heute noch nicht bauen (…)

(Aus: Ulrich Janßen und Ulla Steuernagel: Die Kinder-Uni. München: dtv 2005, S. 43–45)

Kathrin Mayer: Aufsatz- und Schreibformen · 5. Klasse · Best.-Nr. 536
© Brigg Pädagogik Verlag GmbH, Augsburg

Aufgabe 1a: Lies Text 1 und beantworte dann folgende Fragen, indem du ankreuzt.

Worum geht es in dem Text?

a) Der Text handelt von der Schönheit von Vulkanen. ☐

b) Der Text informiert über die Zusammensetzung von Vulkanen. ☐

c) Der Text beschreibt einen Vulkanausbruch. ☐

Aufgabe 1 b: Suche möglichst schnell aus dem Text heraus, in welcher Zeile die Insel Lanzarote erwähnt wird.

Antwort: Die Insel Lanzarote wird in Zeile _____ erwähnt.

Aufgabe 1 c: Was wird im Text mit „Spucke der Erde" umschrieben?

Antwort: Mit „Spucke der Erde" vergleichen die Autoren _____.

Aufgabe 1 d: Wie heißt das Buch, aus dem der Text stammt?

Antwort: Der Titel des Buches lautet _____.

Aufgabe 1 e: Wozu benötigt das U-Boot aus dem Text einen Super-Bohrer?

Antwort: _____

_____ .

Kathrin Mayer: Aufsatz- und Schreibformen · 5. Klasse · Best.-Nr. 536
© Brigg Pädagogik Verlag GmbH, Augsburg

Aufgabe 1 a: Lies Text 1 und beantworte dann folgende Fragen, indem du ankreuzt.

Worum geht es in dem Text?

a) Der Text handelt von der Schönheit von Vulkanen. ☐

b) Der Text informiert über die Zusammensetzung von Vulkanen. ☒

c) Der Text beschreibt einen Vulkanausbruch. ☐

Aufgabe1 b: Suche möglichst schnell aus dem Text heraus, in welcher Zeile die Insel Lanzarote erwähnt wird.

Antwort: Die Insel Lanzarote wird in Zeile **8** erwähnt.

Aufgabe 1 c: Was wird im Text mit „Spucke der Erde" umschrieben?

Antwort: Mit „Spucke der Erde" vergleichen die Autoren **die Lava**.

Aufgabe 1 d: Wie heißt das Buch, aus dem der Text stammt?

Antwort: Der Titel des Buches lautet „**die Kinder-Uni**".

Aufgabe 1 e: Wozu benötigt das U-Boot aus dem Text einen Super-Bohrer?

Antwort: **Das U-Boot benötigt einen Super-Bohrer, um in die steinharte Lava der Vulkane einzutauchen.**

Kathrin Mayer: Aufsatz- und Schreibformen · 5. Klasse · Best.-Nr. 536
© Brigg Pädagogik Verlag GmbH, Augsburg

Was ist der Unterschied zwischen Magma und Lava?

Schon das Wort Magma klingt sehr geheimnisvoll. Es kommt aus der griechischen Sprache und bedeutet so viel wie Masse oder Brei. Geologen bezeichnen mit Magma das geschmolzene Gestein, das sich in der Erde befindet. Magma ist ein Wort, das man sich unbedingt merken sollte, wenn man etwas über Vulkane lernen will. Ohne Magma
5 gäbe es nämlich überhaupt keine Vulkane. Magma steckt im Innern aller aktiven Vulkane und brodelt vor sich hin, bis es schließlich aus einem Vulkan herauskommt. Sobald das Magma an die Erdoberfläche dringt, bekommt es einen anderen Namen. Nun heißt es Lava, und was das ist, weiß jeder, der schon einmal auf Lanzarote gewesen ist oder in einem Vulkanpark wie in der Eifel. Lava ist ein schwarzer und manchmal glühender
10 Brei, der ganz starr wird, wenn er abkühlt. Man könnte sagen, dass Lava so etwas ist wie die Spucke der Erde, die sich von unserer Spucke allerdings dadurch unterscheidet, dass sie glühend heiß ist. Wissenschaftler schauen sich die Lava genau an, denn mit ihrer Hilfe kann man verstehen, wie es im Innern der Erde aussieht. Außer der Lava kommen auch noch jede Menge Gase, Schlacke und Asche aus der Erde. (...)
15 Vulkane sind Stellen, an denen glutflüssiges geschmolzenes Gestein aus dem Erdinneren an die Oberfläche austritt. Wo ein Vulkan ist, gibt es also eine direkte Verbindung von der Oberfläche der Erde in ihr Inneres. Trotzdem kann man nicht mal eben durch einen Krater in das Erdinnere hineinspazieren. Vulkane sind massive Berge, die zum allergrößten Teil aus erkalteter, also steinharter Lava bestehen. Selbstverständlich gibt
20 es in einem aktiven Vulkan auch Magma, aber sie ist in Gängen und Kammern verborgen. Man bräuchte also, um in einen Vulkan (und hinterher in die Erde) einzutauchen, nicht nur ein extrem hitzefestes U-Boot, sondern auch einen Super-Bohrer an dessen Spitze. Leider kann man ein solches U-Boot heute noch nicht bauen (...)

(Aus: Ulrich Janßen und Ulla Steuernagel: Die Kinder-Uni. München: dtv 2005, S. 43–45)

Aufgabe: Unterstreiche die Fragen, die im Text beantwortet werden.

Wie heiß ist Lava?

Woher stammt das Wort Magma?

Was ist Lava?

Wann war der letzte Vulkanausbruch?

Warum brechen Vulkane aus?

Kann man ins Innere der Erde reisen?

Wo gibt es den höchsten Vulkan?

Wie kann man Magma erforschen?

Kathrin Mayer: Aufsatz- und Schreibformen · 5. Klasse · Best.-Nr. 536
© Brigg Pädagogik Verlag GmbH, Augsburg

Was ist der Unterschied zwischen Magma und Lava?

Schon das Wort Magma klingt sehr geheimnisvoll. Es kommt aus der griechischen
Sprache und bedeutet so viel wie Masse oder Brei. Geologen bezeichnen mit Magma
das geschmolzene Gestein, das sich in der Erde befindet. Magma ist ein Wort, das man
sich unbedingt merken sollte, wenn man etwas über Vulkane lernen will. Ohne Magma
5 gäbe es nämlich überhaupt keine Vulkane. Magma steckt im Innern aller aktiven Vulkane und brodelt vor sich hin, bis es schließlich aus einem Vulkan herauskommt. Sobald
das Magma an die Erdoberfläche dringt, bekommt es einen anderen Namen. Nun heißt
es Lava, und was das ist, weiß jeder, der schon einmal auf Lanzarote gewesen ist oder
in einem Vulkanpark wie in der Eifel. Lava ist ein schwarzer und manchmal glühender
10 Brei, der ganz starr wird, wenn er abkühlt. Man könnte sagen, dass Lava so etwas ist
wie die Spucke der Erde, die sich von unserer Spucke allerdings dadurch unterscheidet, dass sie glühend heiß ist. Wissenschaftler schauen sich die Lava genau an, denn
mit ihrer Hilfe kann man verstehen, wie es im Innern der Erde aussieht. Außer der Lava
kommen auch noch jede Menge Gase, Schlacke und Asche aus der Erde. (…)
15 Vulkane sind Stellen, an denen glutflüssiges geschmolzenes Gestein aus dem Erdinneren an die Oberfläche austritt. Wo ein Vulkan ist, gibt es also eine direkte Verbindung
von der Oberfläche der Erde in ihr Inneres. Trotzdem kann man nicht mal eben durch
einen Krater in das Erdinnere hineinspazieren. Vulkane sind massive Berge, die zum
allergrößten Teil aus erkalteter, also steinharter Lava bestehen. Selbstverständlich gibt
20 es in einem aktiven Vulkan auch Magma, aber sie ist in Gängen und Kammern verborgen. Man bräuchte also, um in einen Vulkan (und hinterher in die Erde) einzutauchen,
nicht nur ein extrem hitzefestes U-Boot, sondern auch einen Super-Bohrer an dessen
Spitze. Leider kann man ein solches U-Boot heute noch nicht bauen (…)

(Aus: Ulrich Janßen und Ulla Steuernagel: Die Kinder-Uni. München: dtv 2005, S. 43–45)

Aufgabe: Unterstreiche die Fragen, die im Text beantwortet werden.

Wie heiß ist Lava?

<u>Woher stammt das Wort Magma?</u>

<u>Was ist Lava?</u>

Wann war der letzte Vulkanausbruch?

<u>Warum brechen Vulkane aus?</u>

<u>Kann man ins Innere der Erde reisen?</u>

Wo gibt es den höchsten Vulkan?

Wie kann man Magma erforschen?

Kathrin Mayer: Aufsatz- und Schreibformen · 5. Klasse · Best.-Nr. 536
© Brigg Pädagogik Verlag GmbH, Augsburg

Warum ist die Erde so heiß?

Anders als Asteroiden, die leblos durch das Universum rasen, ist die Erde, jenseits ihres eisenharten Metallkerns, in ständiger Bewegung und schwitzt sogar. Die meisten Wissenschaftler glauben heute, dass alles Wasser, das es auf der Erde gibt, aus dem Innern kommt, vor vielen hundert Millionen Jahren an die Oberfläche gekommen

5 ist und seither die Ozeane füllt. Auch die Luft, die wir atmen, kommt ursprünglich aus dem Erdinneren, sie ist allerdings durch die Wirkung der Sonne und der Pflanzen stark verändert worden.

Die Kraft für all ihre Aktivitäten bezieht die Erde aus radioaktiver Energie, die entsteht, weil in ihrem Inneren ständig Atome zerfallen. Im Grunde ist die Erde ein riesiges Atom-

10 kraftwerk, das große Hitze produziert. Dass die Erde radioaktiv ist, kann man auch messen: Die Erdkruste enthält eine hohe natürliche Radioaktivität.

Der Reaktor sorgt für andauernde Hitze, die wiederum Materie zum Schmelzen bringt. Die geschmolzene Masse steigt auf und rückt von unten auf die Erdkruste. Auf der Oberfläche sorgt

15 das für ziemliche Spannung. Die Kruste zerbricht immer wieder aufs Neue in einzelne Stücke, in gigantische Platten, die auf dem weichen Unter-grund des Erdmantels treiben. Die Platten reiben aneinander und können dabei so zusammengequetscht werden, dass ganze Gebirge

20 entstehen wie die Alpen oder der Himalaja. So was passiert allerdings nicht von heute auf morgen, es dauert eine unvorstellbar lange Zeit.

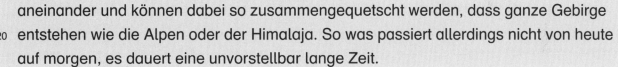

(Aus: Ulrich Janßen und Ulla Steuernagel: Die Kinder-Uni. München: dtv 2005, S. 49 f.)

Aufgabe 3 a: Stelle zum Text drei Fragen, auf die du im Text Antworten findest. Lasse die Antworten von deinen Klassenkameraden im Text suchen.

_____

_____

_____

Aufgabe 3 b: Stelle drei Fragen, die dich zum Thema interessieren, die aber im Text nicht beantwortet werden.

_____

_____

_____

Kathrin Mayer: Aufsatz- und Schreibformen · 5. Klasse · Best.-Nr. 536
© Brigg Pädagogik Verlag GmbH, Augsburg

Warum ist die Erde so heiß?

Anders als Asteroiden, die leblos durch das Universum rasen, ist die Erde, jenseits
ihres eisenharten Metallkerns, in ständiger Bewegung und schwitzt sogar. Die meisten Wissenschaftler glauben heute, dass alles Wasser, das es auf der Erde gibt, aus
dem Innern kommt, vor vielen hundert Millionen Jahren an die Oberfläche gekommen
5 ist und seither die Ozeane füllt. Auch die Luft, die wir atmen, kommt ursprünglich aus
dem Erdinneren, sie ist allerdings durch die Wirkung der Sonne und der Pflanzen stark
verändert worden.

Die Kraft für all ihre Aktivitäten bezieht die Erde aus radioaktiver Energie, die entsteht,
weil in ihrem Inneren ständig Atome zerfallen. Im Grunde ist die Erde ein riesiges Atom-
10 kraftwerk, das große Hitze produziert. Dass die Erde radioaktiv ist, kann man auch
messen: Die Erdkruste enthält eine hohe natürliche Radioaktivität.

Der Reaktor sorgt für andauernde Hitze, die wiederum Materie zum Schmelzen bringt.
Die geschmolzene Masse steigt auf und rückt von
unten auf die Erdkruste. Auf der Oberfläche sorgt
15 das für ziemliche Spannung. Die Kruste zerbricht
immer wieder aufs Neue in einzelne Stücke, in
gigantische Platten, die auf dem weichen Untergrund des Erdmantels treiben. Die Platten reiben

aneinander und können dabei so zusammengequetscht werden, dass ganze Gebirge
20 entstehen wie die Alpen oder der Himalaja. So was passiert allerdings nicht von heute
auf morgen, es dauert eine unvorstellbar lange Zeit.

(Aus: Ulrich Janßen und Ulla Steuernagel: Die Kinder-Uni. München: dtv 2005, S. 49 f.)

*Aufgabe 3a: Stelle zum Text drei Fragen, auf die du im Text Antworten findest. Lasse die
Antworten von deinen Klassenkameraden im Text suchen.*
Z. B.:
Wie sind die Gebirge entstanden?
Woher stammt die Energie der Erde?
Woher kommt das Wasser auf der Erde?
Was sind Erdplatten? ...

*Aufgabe 3b: Stelle drei Fragen, die dich zum Thema interessieren, die aber im Text nicht
beantwortet werden.*
Z. B.:
Kann die Erde auch abkühlen?
Ist die Energie der Erde irgendwann aufgebraucht?
Können die Erdplatten auch weiter zerbrechen? ...

Kathrin Mayer: Aufsatz- und Schreibformen · 5. Klasse · Best.-Nr. 536
© Brigg Pädagogik Verlag GmbH, Augsburg

Was ist der Unterschied zwischen Magma und Lava?

Schon das Wort Magma klingt sehr geheimnisvoll. Es kommt aus der griechischen Sprache und bedeutet so viel wie Masse oder Brei. Geologen bezeichnen mit Magma das geschmolzene Gestein, das sich in der Erde befindet. Magma ist ein Wort, das man sich unbedingt merken sollte, wenn man etwas über Vulkane lernen will. Ohne Magma
5 gäbe es nämlich überhaupt keine Vulkane. Magma steckt im Innern aller aktiven Vulkane und brodelt vor sich hin, bis es schließlich aus einem Vulkan herauskommt. Sobald das Magma an die Erdoberfläche dringt, bekommt es einen anderen Namen. Nun heißt es Lava, und was das ist, weiß jeder, der schon einmal auf Lanzarote gewesen ist oder in einem Vulkanpark wie in der Eifel. Lava ist ein schwarzer und manchmal glühender
10 Brei, der ganz starr wird, wenn er abkühlt. Man könnte sagen, dass Lava so etwas ist wie die Spucke der Erde, die sich von unserer Spucke allerdings dadurch unterscheidet, dass sie glühend heiß ist. Wissenschaftler schauen sich die Lava genau an, denn mit ihrer Hilfe kann man verstehen, wie es im Innern der Erde aussieht. Außer der Lava kommen auch noch jede Menge Gase, Schlacke und Asche aus der Erde. (…)
15 Vulkane sind Stellen, an denen glutflüssiges geschmolzenes Gestein aus dem Erdinneren an die Oberfläche austritt. Wo ein Vulkan ist, gibt es also eine direkte Verbindung von der Oberfläche der Erde in ihr Inneres. Trotzdem kann man nicht mal eben durch einen Krater in das Erdinnere hineinspazieren. Vulkane sind massive Berge, die zum allergrößten Teil aus erkalteter, also steinharter Lava bestehen. Selbstverständlich gibt
20 es in einem aktiven Vulkan auch Magma, aber sie ist in Gängen und Kammern verborgen. Man bräuchte also, um in einen Vulkan (und hinterher in die Erde) einzutauchen, nicht nur ein extrem hitzefestes U-Boot, sondern auch einen Super-Bohrer an dessen Spitze. Leider kann man ein solches U-Boot heute noch nicht bauen (…)

(Aus: Ulrich Janßen und Ulla Steuernagel: Die Kinder-Uni. München: dtv 2005, S. 43–45)

Aufgabe: Teile den Text in vier Sinnabschnitte und erfinde für jeden Abschnitt eine Überschrift in Frageform.

Zeile _____ _____

Zeile _____ _____

Zeile _____ _____

Zeile _____ _____

Kathrin Mayer: Aufsatz- und Schreibformen · 5. Klasse · Best.-Nr. 536
© Brigg Pädagogik Verlag GmbH, Augsburg

Aufgabe: Teile den Text in vier Sinnabschnitte und erfinde für jeden Abschnitt eine Überschrift in Frageform.

Was bedeutet Magma?

Schon das Wort Magma klingt sehr geheimnisvoll. Es kommt aus der griechischen Sprache und bedeutet so viel wie Masse oder Brei. Geologen bezeichnen mit Magma das geschmolzene Gestein, das sich in der Erde befindet. Magma ist ein Wort, das man sich unbedingt merken sollte, wenn man etwas über Vulkane lernen will. Ohne Magma gäbe es nämlich überhaupt keine Vulkane. Magma steckt im Innern aller aktiven Vulkane und brodelt vor sich hin, bis es schließlich aus einem Vulkan herauskommt.

Was ist Lava?

Sobald das Magma an die Erdoberfläche dringt, bekommt es einen anderen Namen. Nun heißt es Lava, und was das ist, weiß jeder, der schon einmal auf Lanzarote gewesen ist oder in einem Vulkanpark wie in der Eifel. Lava ist ein schwarzer und manchmal glühender Brei, der ganz starr wird, wenn er abkühlt. Man könnte sagen, dass Lava so etwas ist wie die Spucke der Erde, die sich von unserer Spucke allerdings dadurch unterscheidet, dass sie glühend heiß ist. Wissenschaftler schauen sich die Lava genau an, denn mit ihrer Hilfe kann man verstehen, wie es im Innern der Erde aussieht. Außer der Lava kommen auch noch jede Menge Gase, Schlacke und Asche aus der Erde. (…)

Woraus bestehen Vulkane?

Vulkane sind Stellen, an denen glutflüssiges geschmolzenes Gestein aus dem Erdinneren an die Oberfläche austritt. Wo ein Vulkan ist, gibt es also eine direkte Verbindung von der Oberfläche der Erde in ihr Inneres. Trotzdem kann man nicht mal eben durch einen Krater in das Erdinnere hineinspazieren. Vulkane sind massive Berge, die zum allergrößten Teil aus erkalteter, also steinharter Lava bestehen. Selbstverständlich gibt es in einem aktiven Vulkan auch Magma, aber sie ist in Gängen und Kammern verborgen.

Kann man in das Innere eines Vulkans gelangen?

Man bräuchte also, um in einen Vulkan (und hinterher in die Erde) einzutauchen, nicht nur ein extrem hitzefestes U-Boot, sondern auch einen Super-Bohrer an dessen Spitze. Leider kann man ein solches U-Boot heute noch nicht bauen (…)

Kathrin Mayer: Aufsatz- und Schreibformen · 5. Klasse · Best.-Nr. 536
© Brigg Pädagogik Verlag GmbH, Augsburg

Warum ist die Erde so heiß?

Anders als Asteroiden, die leblos durch das Universum rasen, ist die Erde, jenseits
ihres eisenharten Metallkerns, in ständiger Bewegung und schwitzt sogar. Die meisten Wissenschaftler glauben heute, dass alles Wasser, das es auf der Erde gibt, aus
dem Innern kommt, vor vielen hundert Millionen Jahren an die Oberfläche gekommen
5 ist und seither die Ozeane füllt. Auch die Luft, die wir atmen, kommt ursprünglich aus
dem Erdinneren, sie ist allerdings durch die Wirkung der Sonne und der Pflanzen stark
verändert worden.

Die Kraft für all ihre Aktivitäten bezieht die Erde aus radioaktiver Energie, die entsteht,
weil in ihrem Inneren ständig Atome zerfallen. Im Grunde ist die Erde ein riesiges Atom-
10 kraftwerk, das große Hitze produziert. Dass die Erde radioaktiv ist, kann man auch
messen: Die Erdkruste enthält eine hohe natürliche Radioaktivität.

Der Reaktor sorgt für andauernde Hitze, die wiederum Materie zum Schmelzen bringt.
Die geschmolzene Masse steigt auf und rückt von
unten auf die Erdkruste. Auf der Oberfläche sorgt
15 das für ziemliche Spannung. Die Kruste zerbricht
immer wieder aufs Neue in einzelne Stücke, in
gigantische Platten, die auf dem weichen Untergrund des Erdmantels treiben. Die Platten reiben

aneinander und können dabei so zusammengequetscht werden, dass ganze Gebirge
20 entstehen wie die Alpen oder der Himalaja. So was passiert allerdings nicht von heute
auf morgen, es dauert eine unvorstellbar lange Zeit.

(Aus: Ulrich Janßen und Ulla Steuernagel: Die Kinder-Uni. München: dtv 2005, S. 49 f.)

*Aufgabe: Teile den Text in Sinnabschnitte und gebe jedem Abschnitt eine Überschrift, die
keine Frage sein darf. Achtung, die Anzahl der Möglichkeiten zum Eintragen gibt dir keinen
Hinweis auf die Anzahl der Sinnabschnitte.*

Zeile _____ _____

Zeile _____ _____

Zeile _____ _____

Zeile _____ _____

Zeile _____ _____

Zeile _____ _____

Aufgabe: Teile den Text in Sinnabschnitte und gebe jedem Abschnitt eine Überschrift, die keine Frage sein darf.

Vom Ursprung des Wassers und der Luft auf der Erde

Anders als Asteroiden, die leblos durch das Universum rasen, ist die Erde, jenseits ihres eisenharten Metallkerns, in ständiger Bewegung und schwitzt sogar. Die meisten Wissenschaftler glauben heute, dass alles Wasser, das es auf der Erde gibt, aus dem Innern kommt, vor vielen hundert Millionen Jahren an die Oberfläche gekommen ist und seither die Ozeane füllt. Auch die Luft, die wir atmen, kommt ursprünglich aus dem Erdinneren, sie ist allerdings durch die Wirkung der Sonne und der Pflanzen stark verändert worden.

Die Erde ist ein Atomkraftwerk

Die Kraft für all ihre Aktivitäten bezieht die Erde aus radioaktiver Energie, die entsteht, weil in ihrem Inneren ständig Atome zerfallen. Im Grunde ist die Erde ein riesiges Atomkraftwerk, das große Hitze produziert. Dass die Erde radioaktiv ist, kann man auch messen: Die Erdkruste enthält eine hohe natürliche Radioaktivität.

Über die Entstehung der Gebirge

Der Reaktor sorgt für andauernde Hitze, die wiederum Materie zum Schmelzen bringt. Die geschmolzene Masse steigt auf und rückt von unten auf die Erdkruste. Auf der Oberfläche sorgt das für ziemliche Spannung. Die Kruste zerbricht immer wieder aufs Neue in einzelne Stücke, in gigantische Platten, die auf dem weichen Untergrund des Erdmantels treiben. Die Platten reiben aneinander und können dabei so zusammengequetscht werden, dass ganze Gebirge entstehen wie die Alpen oder der Himalaja. So was passiert allerdings nicht von heute auf morgen, es dauert eine unvorstellbar lange Zeit.

Kathrin Mayer: Aufsatz- und Schreibformen · 5. Klasse · Best.-Nr. 536
© Brigg Pädagogik Verlag GmbH, Augsburg

Was ist der Unterschied zwischen Magma und Lava?

Schon das Wort Magma klingt sehr geheimnisvoll. Es kommt aus der griechischen Sprache und bedeutet so viel wie Masse oder Brei. Geologen bezeichnen mit Magma das geschmolzene Gestein, das sich in der Erde befindet. Magma ist ein Wort, das man sich unbedingt merken sollte, wenn man etwas über Vulkane lernen will. Ohne Magma
5 gäbe es nämlich überhaupt keine Vulkane. Magma steckt im Innern aller aktiven Vulkane und brodelt vor sich hin, bis es schließlich aus einem Vulkan herauskommt. Sobald das Magma an die Erdoberfläche dringt, bekommt es einen anderen Namen. Nun heißt es Lava, und was das ist, weiß jeder, der schon einmal auf Lanzarote gewesen ist oder in einem Vulkanpark wie in der Eifel. Lava ist ein schwarzer und manchmal glühender
10 Brei, der ganz starr wird, wenn er abkühlt. Man könnte sagen, dass Lava so etwas ist wie die Spucke der Erde, die sich von unserer Spucke allerdings dadurch unterscheidet, dass sie glühend heiß ist. Wissenschaftler schauen sich die Lava genau an, denn mit ihrer Hilfe kann man verstehen, wie es im Innern der Erde aussieht. Außer der Lava kommen auch noch jede Menge Gase, Schlacke und Asche aus der Erde. (…)
15 Vulkane sind Stellen, an denen glutflüssiges geschmolzenes Gestein aus dem Erdinneren an die Oberfläche austritt. Wo ein Vulkan ist, gibt es also eine direkte Verbindung von der Oberfläche der Erde in ihr Inneres. Trotzdem kann man nicht mal eben durch einen Krater in das Erdinnere hineinspazieren. Vulkane sind massive Berge, die zum allergrößten Teil aus erkalteter, also steinharter Lava bestehen. Selbstverständlich gibt
20 es in einem aktiven Vulkan auch Magma, aber sie ist in Gängen und Kammern verborgen. Man bräuchte also, um in einen Vulkan (und hinterher in die Erde) einzutauchen, nicht nur ein extrem hitzefestes U-Boot, sondern auch einen Super-Bohrer an dessen Spitze. Leider kann man ein solches U-Boot heute noch nicht bauen (…)

(Aus: Ulrich Janßen und Ulla Steuernagel: Die Kinder-Uni. München: dtv 2005, S. 43–45)

 Aufgabe: Markiere im Text die Schlüsselwörter. Unterstreiche alle wichtigen Informationen (keine ganzen Sätze!).

Kathrin Mayer: Aufsatz- und Schreibformen · 5. Klasse · Best.-Nr. 536
© Brigg Pädagogik Verlag GmbH, Augsburg

Was ist der Unterschied zwischen Magma und Lava?

Schon das Wort Magma klingt sehr geheimnisvoll. Es kommt aus der griechischen Sprache und bedeutet so viel wie Masse oder Brei. Geologen bezeichnen mit Magma das geschmolzene Gestein, das sich in der Erde befindet. Magma ist ein Wort, das man sich unbedingt merken sollte, wenn man etwas über Vulkane lernen will. Ohne Magma gäbe es nämlich überhaupt keine Vulkane. Magma steckt im Innern aller aktiven Vulkane und brodelt vor sich hin, bis es schließlich aus einem Vulkan herauskommt. Sobald das Magma an die Erdoberfläche dringt, bekommt es einen anderen Namen. Nun heißt es Lava, und was das ist, weiß jeder, der schon einmal auf Lanzarote gewesen ist oder in einem Vulkanpark wie in der Eifel. Lava ist ein schwarzer und manchmal glühender Brei, der ganz starr wird, wenn er abkühlt. Man könnte sagen, dass Lava so etwas ist wie die Spucke der Erde, die sich von unserer Spucke allerdings dadurch unterscheidet, dass sie glühend heiß ist. Wissenschaftler schauen sich die Lava genau an, denn mit ihrer Hilfe kann man verstehen, wie es im Innern der Erde aussieht. Außer der Lava kommen auch noch jede Menge Gase, Schlacke und Asche aus der Erde. (…) Vulkane sind Stellen, an denen glutflüssiges geschmolzenes Gestein aus dem Erdinneren an die Oberfläche austritt. Wo ein Vulkan ist, gibt es also eine direkte Verbindung von der Oberfläche der Erde in ihr Inneres. Trotzdem kann man nicht mal eben durch einen Krater in das Erdinnere hineinspazieren. Vulkane sind massive Berge, die zum allergrößten Teil aus erkalteter, also steinharter Lava bestehen. Selbstverständlich gibt es in einem aktiven Vulkan auch Magma, aber sie ist in Gängen und Kammern verborgen. Man bräuchte also, um in einen Vulkan (und hinterher in die Erde) einzutauchen, nicht nur ein extrem hitzefestes U-Boot, sondern auch einen Super-Bohrer an dessen Spitze. Leider kann man ein solches U-Boot heute noch nicht bauen (…)

(Aus: Ulrich Janßen und Ulla Steuernagel: Die Kinder-Uni. München: dtv 2005, S. 43–45)

Aufgabe: Markiere im Text die Schlüsselwörter. Unterstreiche alle wichtigen Informationen (keine ganzen Sätze!).

Kathrin Mayer: Aufsatz- und Schreibformen · 5. Klasse · Best.-Nr. 536
© Brigg Pädagogik Verlag GmbH, Augsburg

Warum ist die Erde so heiß?

Anders als Asteroiden, die leblos durch das Universum rasen, ist die Erde, jenseits ihres eisenharten Metallkerns, in ständiger Bewegung und schwitzt sogar. Die meisten Wissenschaftler glauben heute, dass alles Wasser, das es auf der Erde gibt, aus dem Innern kommt, vor vielen hundert Millionen Jahren an die Oberfläche gekommen

5 ist und seither die Ozeane füllt. Auch die Luft, die wir atmen, kommt ursprünglich aus dem Erdinneren, sie ist allerdings durch die Wirkung der Sonne und der Pflanzen stark verändert worden.

Die Kraft für all ihre Aktivitäten bezieht die Erde aus radioaktiver Energie, die entsteht, weil in ihrem Inneren ständig Atome zerfallen. Im Grunde ist die Erde ein riesiges Atom-

10 kraftwerk, das große Hitze produziert. Dass die Erde radioaktiv ist, kann man auch messen: Die Erdkruste enthält eine hohe natürliche Radioaktivität.

Der Reaktor sorgt für andauernde Hitze, die wiederum Materie zum Schmelzen bringt. Die geschmolzene Masse steigt auf und rückt von unten auf die Erdkruste. Auf der Oberfläche sorgt

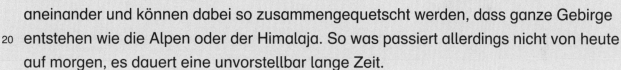

15 das für ziemliche Spannung. Die Kruste zerbricht immer wieder aufs Neue in einzelne Stücke, in gigantische Platten, die auf dem weichen Untergrund des Erdmantels treiben. Die Platten reiben aneinander und können dabei so zusammengequetscht werden, dass ganze Gebirge

20 entstehen wie die Alpen oder der Himalaja. So was passiert allerdings nicht von heute auf morgen, es dauert eine unvorstellbar lange Zeit.

(Aus: Ulrich Janßen und Ulla Steuernagel: Die Kinder-Uni. München: dtv 2005, S. 49 f.)

Aufgabe: Fasse die wichtigen Informationen, die du aus dem Text entnehmen kannst, in Stichpunkten zusammen.

— _____

— _____

— _____

— _____

— _____

— _____

— _____

Kathrin Mayer: Aufsatz- und Schreibformen · 5. Klasse · Best.-Nr. 536
© Brigg Pädagogik Verlag GmbH, Augsburg

Warum ist die Erde so heiß?

Anders als Asteroiden, die leblos durch das Universum rasen, ist die Erde, jenseits ihres eisenharten Metallkerns, in ständiger Bewegung und schwitzt sogar. Die meisten Wissenschaftler glauben heute, dass alles Wasser, das es auf der Erde gibt, aus dem Innern kommt, vor vielen hundert Millionen Jahren an die Oberfläche gekommen

5 ist und seither die Ozeane füllt. Auch die Luft, die wir atmen, kommt ursprünglich aus dem Erdinneren, sie ist allerdings durch die Wirkung der Sonne und der Pflanzen stark verändert worden.

Die Kraft für all ihre Aktivitäten bezieht die Erde aus radioaktiver Energie, die entsteht, weil in ihrem Inneren ständig Atome zerfallen. Im Grunde ist die Erde ein riesiges Atom-

10 kraftwerk, das große Hitze produziert. Dass die Erde radioaktiv ist, kann man auch messen: Die Erdkruste enthält eine hohe natürliche Radioaktivität.

Der Reaktor sorgt für andauernde Hitze, die wiederum Materie zum Schmelzen bringt. Die geschmolzene Masse steigt auf und rückt von unten auf die Erdkruste. Auf der Oberfläche sorgt

15 das für ziemliche Spannung. Die Kruste zerbricht immer wieder aufs Neue in einzelne Stücke, in gigantische Platten, die auf dem weichen Untergrund des Erdmantels treiben. Die Platten reiben  aneinander und können dabei so zusammengequetscht werden, dass ganze Gebirge

20 entstehen wie die Alpen oder der Himalaja. So was passiert allerdings nicht von heute auf morgen, es dauert eine unvorstellbar lange Zeit.

(Aus: Ulrich Janßen und Ulla Steuernagel: Die Kinder-Uni. München: dtv 2005, S. 49 f.)

Aufgabe: Fasse die wichtigen Informationen, die du aus dem Text entnehmen kannst, in Stichpunkten zusammen.

– *Erde bewegt sich ständig*

– *Wasser und Luft stammen aus dem Erdinnern*

– *Energie der Erde stammt aus Atomkraft, die Hitze produziert*

– *Hitze schmilzt Gestein, das aufsteigt*

– *Zerbrochene Kruste sind die Erdplatten*

– *Erdplatten reiben aneinander*

– *Gebirge werden durch die Reibung aufgefaltet*

Kathrin Mayer: Aufsatz- und Schreibformen · 5. Klasse · Best.-Nr. 536
© Brigg Pädagogik Verlag GmbH, Augsburg

C. Erzählen

Ein herrlicher Sommertag

Beim Erzählen kommt es darauf an, eine bestimmte Stimmung wiederzugeben.
Dafür benötigt man Adjektive, die das zu Beschreibende gut veranschaulichen.

Aufgabe: Setze in die Textlücken diejenigen Adjektive aus dem Kasten ein, die an die jeweilige Stelle passen.

Es war ein _____ Tag. Sonnig und _____ wie ein Ferientag.

Aber leider ein ganz _____ Montag, ein Schultag. Die _____

Uhr über dem Hoftor schlug anklagend acht Uhr. Mit _____ Kopf

rannte Paul schon wieder als Letzter schwitzend und keuchend durch das

alte Tor. Vor der _____ Klassentür horchte er gespannt. Drinnen

herrschte eine _____ Stille. Mit _____ Herzen klopfte er an

die _____ Holztür. Immer noch hörte er nicht das _____ Ge-

räusch. Mit zitternden Fingern griff er nach der _____ Klinke, dann

drückte er sie mit einem _____ Stoß auf. Der _____ Raum war

menschenleer. Der _____ Hausmeister ging mit einem _____

Pfeifen an ihm vorbei und lachte _____ : „Du kannst es wohl gar

nicht mehr erwarten? Komm doch nächste Woche wieder vorbei, dann

sind die anderen auch da."

---

schwer, lustig, herrlich, heiter, alt, pochend, beherzt, leiseste, einfach,
rund, hochrot, grüne, eisern, unheimlich, hell, laut

Kathrin Mayer: Aufsatz- und Schreibformen · 5. Klasse · Best.-Nr. 536
© Brigg Pädagogik Verlag GmbH, Augsburg

Ein herrlicher Sommertag

Beim Erzählen kommt es darauf an, eine bestimmte Stimmung wiederzugeben. Dafür benötigt man Adjektive, die das zu Beschreibende gut veranschaulichen.

Aufgabe: Setze in die Textlücken diejenigen Adjektive aus dem Kasten ein, die an die jeweilige Stelle passen.

Es war ein *herrlicher* Tag. Sonnig und *heiter* wie ein Ferientag. Aber leider ein ganz *einfacher* Montag, ein Schultag. Die runde Uhr über dem Hoftor schlug anklagend acht Uhr. Mit *hochrotem* Kopf rannte Paul schon wieder als Letzter schwitzend und keuchend durch das alte Tor. Vor der grünen Klassentür horchte er gespannt. Drinnen herrschte eine *unheimliche* Stille. Mit *pochendem* Herzen klopfte er an die *schwere* Holztür. Immer noch hörte er nicht das *leiseste* Geräusch. Mit zitternden Fingern griff er nach der *eisernen* Klinke, dann drückte er sie mit einem *beherzten* Stoß auf. Der *helle* Raum war menschenleer. Der *alte* Hausmeister ging mit einem *lustigen* Pfeifen an ihm vorbei und lachte *laut*: „Du kannst es wohl gar nicht mehr erwarten? Komm doch nächste Woche wieder vorbei, dann sind die anderen auch da."

schwer, lustig, herrlich, heiter, alt, pochend, beherzt, leiseste, einfach, rund, hochrot, grüne, eisern, unheimlich, hell, laut

Kathrin Mayer: Aufsatz- und Schreibformen · 5. Klasse · Best.-Nr. 536
© Brigg Pädagogik Verlag GmbH, Augsburg

Erzählungen leben von ihrem abwechslungsreichen Ausdruck. Aus diesem Grund ist es wichtig, die passenden Verben zu finden.
Im Text sind Lücken, immer dann, wenn jemand etwas in einer bestimmten Art sagt.

Aufgabe:

a) *Ordne zunächst die Wörter aus dem Wortfeld „sagen" nach Lautstärke der Äußerung.*

b) *Suche nun aus dem Kästchen den jeweils passenden Ausdruck heraus und setze ihn in die Lücke ein.*

---

brüllen, flüstern, wispern, schreien, keuchen, erwidern, fragen, bitten, flehen

---

1. „Das Wetter an der Nordsee kann manchmal ganz schön stürmisch

   sein", _____ mir der Kapitän ins Ohr. „Ich kann bei dem lauten

   Wind nichts verstehen", _____ ich verständnislos.

2. Nach dem 400-m-Lauf _____ der Reporter den Sieger nach sei-

   nen Gefühlen. „Ich bin überglücklich", _____ er außer Atem ins

   Mikrofon.

3. „Hier unten im Keller habe ich aber ganz schön Angst", _____

   Anja ihrer Freundin zu. Auf einmal knallt die Kellertür. Anja _____

   aus Leibeskräften. „Lass uns wieder nach oben gehen", _____

   sie dann ihre Freundin an.

4. „Kannst du mir einen heißen Tee machen?", _____ Leonie. Als

   ich ihr die Tasse reiche, _____ sie heiser: „Danke, mein Hals tut

   heute unheimlich weh."

Kathrin Mayer: Aufsatz- und Schreibformen · 5. Klasse · Best.-Nr. 536
© Brigg Pädagogik Verlag GmbH, Augsburg

Erzählungen leben von ihrem abwechslungsreichen Ausdruck. Aus diesem Grund ist es wichtig, die passenden Verben zu finden.
Im Text sind Lücken, immer dann, wenn jemand etwas in einer bestimmten Art sagt.

Aufgabe:

a) *Ordne zunächst die Wörter aus dem Wortfeld „sagen" nach Lautstärke der Äußerung.*

b) *Suche nun aus dem Kästchen den jeweils passenden Ausdruck heraus und setze ihn in die Lücke ein.*

Lösung: brüllen, schreien, —— erwidern, fragen, bitten —— flüstern, wispern, keuchen, flehen

---

1. „Das Wetter an der Nordsee kann manchmal ganz schön stürmisch sein", ***brüllt*** mir der Kapitän ins Ohr. „Ich kann bei dem lauten Wind nichts verstehen", ***erwidere*** ich verständnislos.

2. Nach dem 400-m-Lauf ***fragt*** der Reporter den Sieger nach seinen Gefühlen. „Ich bin überglücklich", ***keucht*** er außer Atem ins Mikrofon.

3. „Hier unten im Keller habe ich aber ganz schön Angst", ***flüstert*** Anja ihrer Freundin zu. Auf einmal knallt die Kellertür. Anja ***schreit*** aus Leibeskräften. „Lass uns wieder nach oben gehen", ***fleht*** sie dann ihre Freundin an.

4. „Kannst du mir einen heißen Tee machen? ", ***bittet*** Leonie. Als ich ihr die Tasse reiche, ***wispert*** sie heiser: „Danke, mein Hals tut heute unheimlich weh."

Kathrin Mayer: Aufsatz- und Schreibformen · 5. Klasse · Best.-Nr. 536
© Brigg Pädagogik Verlag GmbH, Augsburg

Wortfeld „gehen"

Das Wortfeld „gehen" enthält ganz unterschiedliche Verben, die anzeigen, ob die Bewegung schnell oder langsam ist.

Aufgabe: Sortiere die unten aufgeführten Verben in die beiden Kästchen ein.

schlendern, rasen, hetzen, wandern, rennen, joggen, kriechen, flitzen, trödeln, stolpern, laufen, latschen, sausen, schleichen, eilen, hasten, schlendern, spazieren

schnell	langsam

Kathrin Mayer: Aufsatz- und Schreibformen · 5. Klasse · Best.-Nr. 536
© Brigg Pädagogik Verlag GmbH, Augsburg

Wortfeld „gehen"

Das Wortfeld „gehen" enthält ganz unterschiedliche Verben, die anzeigen, ob die Bewegung schnell oder langsam ist.

Aufgabe: Sortiere die unten aufgeführten Verben in die beiden Kästchen ein.

schlendern, rasen, hetzen, wandern, rennen, joggen, kriechen, flitzen, trödeln, stolpern, laufen, latschen, sausen, schleichen, eilen, hasten, schlendern, spazieren

schnell	langsam
rennen	trödeln
laufen	kriechen
rasen	schlendern
flitzen	stolpern
eilen	spazieren
hetzen	wandern
hasten	latschen
joggen	schleichen
sausen	

Kathrin Mayer: Aufsatz- und Schreibformen · 5. Klasse · Best.-Nr. 536
© Brigg Pädagogik Verlag GmbH, Augsburg

Wortfeld „gehen"

Aufgabe 1: Finde jeweils drei Verben, die in das Wortfeld „gehen" gehören und schnelles Gehen bzw. langsames Gehen bezeichnen.

Schnell: _____

Langsam: _____

Aufgabe 2: Mit bestimmten Tieren verbinden wir auch gewisse Fortbewegungsarten. Sieh dir die Bilder an und schreibe das Fortbewegungsverb darunter.

_____

_____

_____

_____

*Aufgabe 3: Auch bei den Menschen verwenden wir diese Ausdrücke.
Schreibe nun zu jedem Verb einen Beispielsatz auf.*

_____

_____

_____

_____

Kathrin Mayer: Aufsatz- und Schreibformen · 5. Klasse · Best.-Nr. 536
© Brigg Pädagogik Verlag GmbH, Augsburg

Wortfeld „gehen"

Aufgabe 1: Finde jeweils drei Verben, die in das Wortfeld „gehen" gehören und schnelles Gehen bzw. langsames Gehen bezeichnen.

Schnell: _____

Langsam: _____

Aufgabe 2: Mit bestimmten Tieren verbinden wir auch gewisse Fortbewegungsarten. Sieh dir die Bilder an und schreibe das Fortbewegungsverb darunter.

 hoppeln

 watscheln

 hüpfen

 kriechen

Aufgabe 3: Auch bei den Menschen verwenden wir diese Ausdrücke. Schreibe nun zu jedem Verb einen Beispielsatz auf.

_____

_____

_____

_____

Kathrin Mayer: Aufsatz- und Schreibformen · 5. Klasse · Best.-Nr. 536
© Brigg Pädagogik Verlag GmbH, Augsburg

Wortfeld „gehen"

Aufgabe: Aus eurer Sammlung der Bewegungsverben aus dem Wortfeld „gehen" müsst ihr nun diejenigen einsetzen, die hier am besten zum Stil der Erzählung passen. Dabei darf aber jedes Verb nur einmal vorkommen!

Wie jeden Morgen _____ Karin auf dem Weg zur Schule. Sie sieht nicht ein, warum sie _____ soll, nur um rechtzeitig da zu sein. Alle anderen Schüler _____ an ihr vorbei, damit sie pünktlich sind. Karin aber _____ ganz gemütlich durch den Park an der Schule. Sie beobachtet eine Frau, die nun schon zum dritten Mal um den Teich_____ . Hinten am Spielplatz _____ ein Kleinkind über seine eigenen Füße und plumpst auf den Hintern. Plötzlich fällt ihr ein, dass sie heute in der ersten Stunde eine Mathearbeit schreiben. Wie der Blitz_____ sie los. Völlig außer Atem _____ sie an der Mutter mit dem Kleinkind und der Joggerin vorbei. Sie _____ die Treppe zum Klassenraum hinauf und stößt mit ihrer Freundin Bettina zusammen, die gerade die Treppe hinauf_____ . Gemeinsam _____ sie zu ihrem Platz und setzten sich hin. Sie haben es gerade noch rechtzeitig vor dem Klingeln geschafft!

Kathrin Mayer: Aufsatz- und Schreibformen · 5. Klasse · Best.-Nr. 536
© Brigg Pädagogik Verlag GmbH, Augsburg

Wortfeld „gehen"

Aufgabe: Aus eurer Sammlung der Bewegungsverben aus dem Wortfeld „gehen" müsst ihr nun diejenigen einsetzen, die hier am besten zum Stil der Erzählung passen. Dabei darf aber jedes Verb nur einmal vorkommen!

Wie jeden Morgen **trödelt** Karin auf dem Weg zur Schule. Sie sieht nicht ein, warum sie **rennen** soll, nur um rechtzeitig da zu sein. Alle anderen Schüler **hasten** an ihr vorbei, damit sie pünktlich sind. Karin aber spaziert ganz gemütlich durch den Park an der Schule. Sie beobachtet eine Frau, die nun schon zum dritten Mal um den Teich **joggt**. Hinten am Spielplatz **stolpert** ein Kleinkind über seine eigenen Füße und plumpst auf den Hintern. Plötzlich fällt ihr ein, dass sie heute in der ersten Stunde eine Mathearbeit schreiben. Wie der Blitz **flitzt** sie los. Völlig außer Atem **hetzt** sie an der Mutter mit dem Kleinkind und der Joggerin vorbei. Sie **saust** die Treppe zum Klassenraum hinauf und stößt mit ihrer Freundin Bettina zusammen, die gerade die Treppe hinauf **schleicht**. Gemeinsam **schlendern** sie zu ihrem Platz und setzten sich hin. Sie haben es gerade noch rechtzeitig vor dem Klingeln geschafft!

Kathrin Mayer: Aufsatz- und Schreibformen · 5. Klasse · Best.-Nr. 536
© Brigg Pädagogik Verlag GmbH, Augsburg

Erik schwitzt schon eine Stunde über dem Brief, den er heute noch an seinen Brieffreund Alex schreiben soll. Bevor der Brief nicht fertig ist, darf er nicht raus zum Bolzplatz. Seine Mutter hat gesagt, er solle einfach das aufschreiben, was er heute so alles erlebt hat. Das Problem ist nur – er hat gar nichts erlebt. Sein Tag war genauso langweilig wie alle anderen zuvor.

Aufgabe: Hilf Erik, den Brief zu schreiben. Auf den Bildern siehst du einige Momente aus Eriks Tagesablauf. Wähle zwei davon aus und schreibe auf, was passiert ist. Nimm ein eigenes Blatt zum Schreiben.

Lieber Alex,
wie geht es dir? Mir geht es gut. Ich möchte dir erzählen, was heute so alles passiert ist. Zum Beispiel …

Kathrin Mayer: Aufsatz- und Schreibformen · 5. Klasse · Best.-Nr. 536
© Brigg Pädagogik Verlag GmbH, Augsburg

Erik schwitzt schon eine Stunde über dem Brief, den er heute noch an seinen Brieffreund Alex schreiben soll. Bevor der Brief nicht fertig ist, darf er nicht raus zum Bolzplatz. Seine Mutter hat gesagt, er solle einfach das aufschreiben, was er heute so alles erlebt hat. Das Problem ist nur – er hat gar nichts erlebt. Sein Tag war genauso langweilig wie alle anderen zuvor.

Aufgabe: Hilf Erik, den Brief zu schreiben. Auf den Bildern siehst du einige Momente aus Eriks Tagesablauf. Wähle zwei davon aus und schreibe auf, was passiert ist. Nimm ein eigenes Blatt zum Schreiben.

Lieber Alex,

wie geht es dir? Mir geht es gut. Ich möchte dir erzählen, was heute so alles passiert ist. Zum Beispiel *hatte ich einen wirklich lustigen Schulweg. Ich bin wie immer die Mühlengasse hinuntergelaufen, da sehe ich wie der große Tom aus dem Nachbarhaus wie ein Irrer auf dem Fahrrad die Straße runterrast. Genau in dem Moment, wo er die Bachstraße kreuzt, kommt ihm ein Autofahrer entgegen. Tom weicht aus und prallt genau gegen die Mülltonne von Lehmanns, die noch von gestern auf dem Bürgersteig steht. Zum Glück war sie schon geleert, so dass Tom sich nicht verletzt hat. Nur eine alte Bananenschale lag oben auf seinem Fahrradhelm. Das sah vielleicht bescheuert aus. Ich habe den ganzen Weg bis zur Schule gelacht.*
In der Pause haben dann aber meine Freunde über mich gelacht. Meine Mutter hatte mir von den schrumpligen Bio-Äpfeln eingepackt. In der großen Hofpause wollte ich gerade in so einen Apfel beißen, da kommt plötzlich ein Wurm aus dem Apfel und schaut mir direkt in die Augen. Da hatte ich natürlich keinen Hunger mehr. Außerdem sollte ja der Wurm nicht obdachlos werden.
Hoffentlich hast du auch so schöne Tage wie ich.

Bis bald!

Viele Grüße von
Erik

Kathrin Mayer: Aufsatz- und Schreibformen · 5. Klasse · Best.-Nr. 536
© Brigg Pädagogik Verlag GmbH, Augsburg

Was hast du in den letzten Tagen erlebt? Überlege, was du einem Brieffreund oder einer Brieffreundin über deine Erlebnisse erzählen könntest. Male zuerst in die Kästchen zwei Erlebnisse. Du kannst auch eine Art Bildergeschichte malen. Dann schreibst du einen Brief an deinen Brieffreund Erik und erzählst von deinem Tag.

Lieber Erik, liebe Tanja,

_____

_____

_____

_____

_____

_____

_____

Kathrin Mayer: Aufsatz- und Schreibformen · 5. Klasse · Best.-Nr. 536
© Brigg Pädagogik Verlag GmbH, Augsburg

Was hast du in den letzten Tagen erlebt? Überlege, was du einem Brieffreund oder einer Brieffreundin über deine Erlebnisse erzählen könntest. Male zuerst in die Kästchen zwei Erlebnisse. Du kannst auch eine Art Bildergeschichte malen. Dann schreibst du einen Brief an deinen Brieffreund Erik und erzählst von deinem Tag.

Lieber Erik, liebe Tanja,

am Anfang der Woche bin ich mit meinem Freund/meiner Freundin zum Fluss hinuntergegangen. Wir wollten mal Fische fangen und grillen. Sie schmeckten köstlich. Dabei kam uns die Idee, am nächsten Tag mit dem Kanu den Fluss hinabzufahren. Eine Wassermühle am Ufer lud dazu ein, eine Rast zu machen. Wir legten uns ins Gras und ließen uns von der Sonne bescheinen. Tags drauf sind wir dann mit dem Rad zu einer Burg gefahren. Hohe Zinnen und eine Fahne auf dem Turm grüßten uns. Im Burghof konnten wir einen verkleideten Ritter und das Burgfräulein begrüßen. Gestern waren wir im Schwimmbad. Wir lagen auf der Decke, anfangs schien die Sonne, doch dann zog ein Gewitter auf.

Viele Grüße
(dein Name)

Kathrin Mayer: Aufsatz- und Schreibformen · 5. Klasse · Best.-Nr. 536
© Brigg Pädagogik Verlag GmbH, Augsburg

Ferienerlebnisse

Nach den Ferien steht wie immer ein Aufsatz über die Erlebnisse in der Sommerzeit an. Auch in der Klasse 5b sitzen alle Schüler vor dem leeren Blatt und schwitzen. Keinem fällt ein, was er erzählen könnte.

Maren war dieses Jahr mit ihrem Vater und seiner neuen Frau auf Mallorca. Sie waren eigentlich immer am Strand. Was gibt es da schon Aufregendes zu erzählen. Maren erinnert sich …

 Aufgabe 1: Schlüpfe in die Rolle von Maren. Schreibe in Stichpunkten in die Denkblasen zu jedem Bild auf, was sie erlebt hat.

Maren:

 Aufgabe 2: Erzähle nach den Stichworten in der Ich-Perspektive, was im Urlaub passiert ist.

Meine Ferienerlebnisse

Dieses Jahr hatte ich ganz besondere Ferien. Ich bin nämlich _____

_____

_____

_____

Kathrin Mayer: Aufsatz- und Schreibformen · 5. Klasse · Best.-Nr. 536
© Brigg Pädagogik Verlag GmbH, Augsburg

Ferienerlebnisse

Nach den Ferien steht wie immer ein Aufsatz über die Erlebnisse in der Sommerzeit an. Auch in der Klasse 5b sitzen alle Schüler vor dem leeren Blatt und schwitzen. Keinem fällt ein, was er erzählen könnte.

Maren war dieses Jahr mit ihrem Vater und seiner neuen Frau auf Mallorca. Sie waren eigentlich immer am Strand. Was gibt es da schon Aufregendes zu erzählen. Maren erinnert sich …

 Aufgabe 1: Schlüpfe in die Rolle von Maren. Schreibe in Stichpunkten in die Denkblasen zu jedem Bild auf, was sie erlebt hat.

Maren:

> Eis fällt aus der Eistüte auf den Bauch meines Vaters

> Unterschiedliche Muscheln im Eimer, schmücken damit Vaters Sandburg

> Maren und die Frau des Vaters haben einen Sonnenbrand, wir cremen uns gegenseitig ein

 Aufgabe 2: Erzähle nach den Stichworten in der Ich-Perspektive, was im Urlaub passiert ist.

Meine Ferienerlebnisse
Dieses Jahr hatte ich ganz besondere Ferien. Ich bin nämlich *erstmals mit Vati und seiner neuen Frau in Urlaub gefahren. Wir waren viel am Strand. Mein Vater und seine neue Frau sonnten ich gerne. Einmal hatte ich eine große Eistüte in der Hand. Als ich mich mit an meinen Vater, der im Sand lag kuscheln wollte, kippten die drei großen Kugeln aus der Tüte auf den Bauch meines Vaters. Der erschrak wegen der Eiskälte und stand kerzengerade im Sand. Vater liebt das Bauen von Sandburgen. Dazu suchte ich am Strand viele Muscheln, die ich in einen Eimer steckte. Dann half ich ihm die Burg damit zu schmücken. Vaters neue Frau war ganz nett. Wir freundeten uns schließlich an. Vom Sonnenbaden hatten wir uns einen gewaltigen Sonnenbrand geholt. Da half nur, sich gegenseitig immer mit Sonnencreme einzureiben.*

Kathrin Mayer: Aufsatz- und Schreibformen · 5. Klasse · Best.-Nr. 536
© Brigg Pädagogik Verlag GmbH, Augsburg

Ferienerlebnisse

Nach den Ferien steht wie immer ein Aufsatz über die Erlebnisse in der Sommerzeit an. Auch in der Klasse 5b sitzen alle Schüler vor dem leeren Blatt und schwitzen. Keinem fällt ein, was er erzählen könnte.

Tabea war dieses Jahr den ganzen Sommer über zu Hause, weil sie sparen müssen. Also kann sie auch nichts erzählen, denn sie war ja mit ihren drei Geschwistern bloß jeden Tag im städtischen Schwimmbad …

 Aufgabe 1: Schlüpfe in die Rolle von Tabea. Schreibe in Stichpunkten in die Denkblasen zu jedem Bild auf, was sie erlebt hat.

Tabea:

 Aufgabe 2: Erzähle nach den Stichworten in der Ich-Perspektive, was im Urlaub passiert ist.

Meine Ferienerlebnisse

Dieses Jahr hatte ich ganz besondere Ferien. Ich bin nämlich _____

_____

_____

_____

_____

Kathrin Mayer: Aufsatz- und Schreibformen · 5. Klasse · Best.-Nr. 536
© Brigg Pädagogik Verlag GmbH, Augsburg

Ferienerlebnisse

Nach den Ferien steht wie immer ein Aufsatz über die Erlebnisse in der Sommerzeit an. Auch in der Klasse 5b sitzen alle Schüler vor dem leeren Blatt und schwitzen. Keinem fällt ein, was er erzählen könnte.

Tabea war dieses Jahr den ganzen Sommer über zu Hause, weil sie sparen müssen. Also kann sie auch nichts erzählen, denn sie war ja mit ihren drei Geschwistern bloß jeden Tag im städtischen Schwimmbad …

 Aufgabe 1: Schlüpfe in die Rolle von Tabea. Schreibe in Stichpunkten in die Denkblasen zu jedem Bild auf, was sie erlebt hat.

Tabea:

Ich springe vom 5-Meter-Turm

Meine Geschwister sitzen auf der Badedecke mit Pommes vor sich, über den Pommes kreisen Hornissen

Gewitter im Schwimmbad, wir sehen aus der Halle wie der Blitz in den Baum einschlägt.

 Aufgabe 2: Erzähle nach den Stichworten in der Ich-Perspektive, was im Urlaub passiert ist.

Meine Ferienerlebnisse

Dieses Jahr hatte ich ganz besondere Ferien. Ich bin nämlich *gar nicht weggefahren. Stattdessen besuchten meine drei Geschwister und ich häufig das städtische Schwimmband. Erstmals bin ich vom 5-Meter-Turm gesprungen. Gern aßen wir, auf unserer Badedecke liegend, Pommes frites. Weniger schön war, dass die Pommes frites Hornissen anlockten, die dann über der Tüte kreisten. Einmal zog ein Gewitter auf. Schnell mussten wir in die Schwimmhalle flüchten. Das war auch richtig, denn wir sahen, wie ein Blitz in den Baum einschlug, unter dem wir noch vor wenigen Minuten gelegen hatten.*

Kathrin Mayer: Aufsatz- und Schreibformen · 5. Klasse · Best.-Nr. 536
© Brigg Pädagogik Verlag GmbH, Augsburg

Ferienerlebnisse

Nach den Ferien steht wie immer ein Aufsatz über die Erlebnisse in der Sommerzeit an. Auch in der Klasse 5b sitzen alle Schüler vor dem leeren Blatt und schwitzen. Keinem fällt ein, was er erzählen könnte.

Jakob durfte dieses Jahr zum ersten Mal ins Ferienlager. Mit drei anderen Jungen hat er dort gezeltet. Leider hat es ganz oft geregnet ...

 Aufgabe 1: Schlüpfe in die Rolle von Jakob. Schreibe in Stichpunkten in die Denkblasen zu jedem Bild auf, was er erlebt hat.

Jakob:

 Aufgabe 2: Erzähle nach den Stichworten in der Ich-Perspektive, was im Urlaub passiert ist.

Meine Ferienerlebnisse

Dieses Jahr hatte ich ganz besondere Ferien. Ich bin nämlich _____

_____

_____

_____

Kathrin Mayer: Aufsatz- und Schreibformen · 5. Klasse · Best.-Nr. 536
© Brigg Pädagogik Verlag GmbH, Augsburg

Ferienerlebnisse

Nach den Ferien steht wie immer ein Aufsatz über die Erlebnisse in der Sommerzeit an. Auch in der Klasse 5b sitzen alle Schüler vor dem leeren Blatt und schwitzen. Keinem fällt ein, was er erzählen könnte.

Jakob durfte dieses Jahr zum ersten Mal ins Ferienlager. Mit drei anderen Jungen hat er dort gezeltet. Leider hat es ganz oft geregnet …

 Aufgabe 1: Schlüpfe in die Rolle von Jakob. Schreibe in Stichpunkten in die Denkblasen zu jedem Bild auf, was er erlebt hat.

Jakob:

mit Freunden das Zelt im Regen aufbauen

Wir machen eine Nachtwanderung mit Taschenlampen. Führe die Gruppe mit an.

Trockne meine Socken über dem Lagerfeuer

 Aufgabe 2: Erzähle nach den Stichworten in der Ich-Perspektive, was im Urlaub passiert ist.

Meine Ferienerlebnisse

Dieses Jahr hatte ich ganz besondere Ferien. Ich bin nämlich **zum ersten Mal in ein Ferienlager gefahren. Da waren auch viele Kinder. Ganz allein war ich nicht, denn drei Freunde fuhren mit mir zusammen. Erst bauten wir gemeinsam das Zelt auf, leider bei Regen, was nicht so angenehm war. Unsere Socken, die ziemlich nass geworden waren, mussten wir am Lagerfeuer trocknen. Aber einmal machten wir alle eine Nachtwanderung mit Taschenlampen. Das war sehr geheimnisvoll, vor allem aufregend, weil ich die Kindergruppe mit führen durfte.**

Kathrin Mayer: Aufsatz- und Schreibformen · 5. Klasse · Best.-Nr. 536
© Brigg Pädagogik Verlag GmbH, Augsburg

Modelle gesucht

Aufgeregt liest Anne das Schild im Schaufenster. Davon hat sie schon immer geträumt. Auf dem Laufsteg in einem tollen Kleid vor tausenden Menschen auf und ab stolzieren. Lässig den Kopf zurückwerfen und überlegen lächeln, während hunderte Fotografen auf ein Bild mit ihr warten …
Voller Eifer bespricht sie sich mit ihrer Freundin Tamara. Auch sie will berühmt werden und auf die Titelseiten aller Modezeitschriften kommen. Gemeinsam malen sie sich aus, wie es sein wird, wenn sie um die ganze Welt fliegen. Gleich am nächsten Morgen wollen sie ihren Traum wahr machen und sich anmelden. Nachdem sie sich aufwendig geschminkt und die Haare frisiert haben, betreten sie mit Herzklopfen das Geschäft, in dessen Schaufenster immer noch das Schild hängt. Der Besitzer ist sehr freundlich und fragt beide, ob sie sich das auch gut überlegt haben. Beide nicken ernsthaft. Dann führt er sie nach hinten in den Laden und ruft seine beiden Auszubildenden …

Aufgabe: Beantworte die Fragen zur Geschichte:

a) *Welche Erwartungen haben die Freundinnen?*

b) *Welche Geschäfte könnten ein Schild „Modelle gesucht" ins Schaufenster hängen?*

c) *Wie könnte die Geschichte weitergehen?*

Kathrin Mayer: Aufsatz- und Schreibformen · 5. Klasse · Best.-Nr. 536
© Brigg Pädagogik Verlag GmbH, Augsburg

Aufgabe: Beantworte die Fragen zur Geschichte:

a) Welche Erwartungen haben die Freundinnen?

Anne und Tamara erwarten, dass sie dort als Models fotografiert werden. Sie hoffen auf eine Karriere als Mannequin.

b) Welche Geschäfte könnten ein Schild „Modelle gesucht" ins Schaufenster hängen?

Häufig suchen Friseurgeschäfte über solche Schilder Kunden, die sich von den Auszubildenden gratis die Haare schneiden lassen und dabei auch bereit sind, eine neue Frisur auszuprobieren.

c) Wie könnte die Geschichte weitergehen?

… Bevor Anne und Tamara richtig Luft holen, sitzen sie auf zwei Friseurstühlen. Die beiden Lehrlinge beginnen auch sofort, an den kunstvollen Frisuren der beiden herumzuschneiden. Nach einer Stunde stehen Anne und Tamara mit einer rot gefärbten Kurzhaarfrisur wieder vor dem Laden.

Mit den Fotos hat es dann aber doch noch geklappt. Jeder aus der Klasse wollte die beiden Freundinnen fotografieren.

Was ist passiert

… Das Wasser reichte mittlerweile bis zur Spüle. Langsam trieb der Brotkorb vorbei und die letzten drei Scheiben Vollkornbrot, die vom Frühstück übrig geblieben waren, saugten sich allmählich voll. Damit hatte ich nun wirklich nicht gerechnet. Hektisch begannen wir mit dem Trockenlegen der Wohnung. Obwohl es nur noch leicht modrig roch, als meine Eltern nach Hause kamen, hatte ich drei Wochen Hausarrest.

Aufgabe 1: Lies das Ende der Geschichte unten durch. Überlege dir, wie es zu dieser Situation kommen konnte. Schreibe einige Stichpunkte auf. Ihr könnt eure Ideen auch vergleichen und die beste Idee auswählen.

_____

_____

_____

_____

Aufgabe 2: Nutze die Stichwörter, um den Anfang der Geschichte zu schreiben:
- Kaulquappen für das Bio-Projekt mitgenommen
- Zu Hause Tiere in das Waschbecken gegossen
- Freund Frieder kommt mit Computer-Spiel

Aufgabe 3: Schreibe nun den Anfang der Geschichte, so dass der Schluss einen Sinn ergibt. Nutze dafür die Überlegungen aus Aufgabe 1.

Kathrin Mayer: Aufsatz- und Schreibformen · 5. Klasse · Best.-Nr. 536
© Brigg Pädagogik Verlag GmbH, Augsburg

Aufgaben 1 bis 3

Die Geschichte begann ganz harmlos. Mein Freund Frieder hatte mir in der großen Pause ein Marmeladenglas zugesteckt. In dem Glas befand sich aber nicht mehr wie aufgedruckt erntefrische Erdbeermarmelade, sondern eine Handvoll Kaulquappen mit Tümpelwasser. Die hatte er aus dem Weiher am Rosengarten ausgeliehen, damit wir für das Biologieprojekt „Leben entsteht" Forschungsobjekte hatten. Wir hatten ausgemacht, dass ich die Tiere mit nach Hause nehmen würde. Am Nachmittag wollten wir dann mit unserer Projektarbeit beginnen.

Ich lief nach der Schule schnurstracks nach Hause, ohne noch einmal bei der Pommes-Bude vorbeizuschauen. Das mache ich manchmal, weil meine Eltern immer erst abends nach Hause kommen, so dass ich ein paar Stunden meine Ruhe habe. Deshalb sollte ich ja auch die Kaulquappen übernehmen, denn Frieders Mutter ist etwas zimperlich mit wilden Tieren im Haus. Ich lief also direkt nach Hause und achtete darauf, dass das Glas in meinem Ranzen nicht auslief. Dass die Bücher und Hefte nass geworden wären, wäre ja nicht so schlimm gewesen, aber dann wären ja die Kaulquappen erstickt. Zu Hause überlegte ich mir, an welchem Ort ich unsere Forschungsobjekte am besten aufbewahren könnte. Da fiel mir unser Gäste-Bad ein. Schön abgelegen hinter der Küche kam dort so schnell niemand hin. An diesem verschwiegenen Örtchen waren die Mini-Frösche vor neugierigen Elternaugen sicher. Damit sie ein wenig mehr „Auslauf" bekamen, ließ ich Wasser in das Waschbecken und goss den Inhalt des Marmeladenglases hinein. Dann klingelte es an der Tür. Frieder stand davor und hatte sein neuestes Computer-Spiel unterm Arm. Darauf war ich schon die ganze Zeit gespannt. Wir zogen uns deshalb gleich vor den Fernseher in meinem Zimmer zurück und arbeiteten uns von Level zu Level vorwärts. Plötzlich bemerkte Frieder, dass er mal dringend auf die Toilette müsste. Das käme sicherlich von dem neuen Zimmerspringbrunnen, den meine Eltern angeschafft hätten. Ich guckte ihn nur verständnislos an. Meine Eltern hatten keinen Zimmerspringbrunnen. Aber das plätschernde Geräusch hörte ich jetzt auch. Wie ein Blitz kam mir dann die Erkenntnis: Die Kaulquappen!!!

Das Wasser reichte mittlerweile bis zur Spüle. Langsam trieb der Brotkorb vorbei und die letzten drei Scheiben Vollkornbrot, die vom Frühstück übrig geblieben waren, saugten sich allmählich voll. Damit hatte ich nun wirklich nicht gerechnet. Hektisch begannen wir mit dem Trockenlegen der Wohnung. Obwohl es nur noch leicht modrig roch, als meine Eltern nach Hause kamen, hatte ich drei Wochen Hausarrest.

Kathrin Mayer: Aufsatz- und Schreibformen · 5. Klasse · Best.-Nr. 536
© Brigg Pädagogik Verlag GmtH, Augsburg

 Aufgabe: Dieser Geschichte um den Spaßmacher Till Eulenspiegel fehlt der Mittelteil. Schreibe eine Verbindung von Anfang und Schluss der Geschichte. Orientiere dich auch an der Sprache der Erzählung.

Till Eulenspiegel reiste wieder einmal durch das Land auf der Suche nach Arbeit und Brot. Eines Tages kam er in ein kleines Dorf, von dem die Leute sagten, dass sich dort Fuchs und Hase gute Nacht sagen würden. Da Till schon seit ein paar Tagen nichts Anständiges mehr gegessen hatte, lief ihm beim Gedanken an einen fetten Hasenbraten das Wasser im Mund zusammen. Also beschloss er, im Dorf Station zu machen …

(Till legt sich abends im Dorf auf die Lauer, um den Hasen zu erwischen, der sich hier mit dem Fuchs Gute Nacht sagen soll.)

_____

_____

_____

_____

_____

_____

Als die Dorfbewohner Till am nächsten Morgen mit der Flinte in der Hand schlafend auf dem Dorfplatz vorfanden, war das Gelächter groß. Und Till um eine Erfahrung reicher.

Kathrin Mayer: Aufsatz- und Schreibformen · 5. Klasse · Best.-Nr. 536
© Brigg Pädagogik Verlag GmbH, Augsburg

Aufgabe: Dieser Geschichte um den Spaßmacher Till Eulenspiegel fehlt der Mittelteil. Schreibe eine Verbindung von Anfang und Schluss der Geschichte. Orientiere dich auch an der Sprache der Erzählung.

Till Eulenspiegel reiste wieder einmal durch das Land auf der Suche nach Arbeit und Brot. Eines Tages kam er in ein kleines Dorf, von dem die Leute sagten, dass sich dort Fuchs und Hase gute Nacht sagen würden. Da Till schon seit ein paar Tagen nichts Anständiges mehr gegessen hatte, lief ihm beim Gedanken an einen fetten Hasenbraten das Wasser im Mund zusammen. Also beschloss er, im Dorf Station zu machen.

Den ganzen Tag über ging er durchs Dorf und suchte nach einem geeigneten Platz, um den Hasen beim Gute-Nacht-Sagen zu erwischen. Er fragte die Dorfbewohner, wo sich denn im Allgemeinen die Leute treffen würden. Man beschied ihm, dass dies der Marktplatz sei. Also fand sich Till genau dort zur Abenddämmerung ein und legte sich mit einer Flinte bewaffnet hinter dem Brunnen auf die Lauer. Die Dorfbewohner wunderten sich und fragten Till, was er dort mache. Ohne sich beirren zu lassen, antwortete Till, sie würden noch sehen mit welch prächtigem Hasenbraten er sie morgen überraschen werde. Darauf entgegneten die Leute, dass es hier in der Gegend schon seit Jahren keine Hasen mehr gebe. Doch Till lächelte nur spitzbübisch. Die Nacht zog herauf und die Leute gingen zu Bett. Nur Till harrte hinter dem Brunnen aus. Gegen Mitternacht wurde auch er müde, seine Beine schliefen ihm ein. Da dachte er sich, dass Fuchs und Hase wohl echte Nachteulen seien, da sie bis zu dieser Stunde sich noch keine gute Nacht gewünscht hätten. Über diese Gedanken schlief Till ein.

Als die Dorfbewohner Till am nächsten Morgen mit der Flinte in der Hand schlafend auf dem Dorfplatz vorfanden, war das Gelächter groß. Und Till um eine Erfahrung reicher.

Kathrin Mayer: Aufsatz- und Schreibformen · 5. Klasse · Best.-Nr. 536
© Brigg Pädagogik Verlag GmbH, Augsburg

Um ein paar Ideen für eine Geschichte zu sammeln, kann man die Technik des Gedankensturms anwenden. Dabei kommt es darauf an, die ersten Ideen, die man zu einem Begriff hat, sofort aufzuschreiben und zuzuordnen.

Manchmal fällt es einem schwer, sofort eigene Gedanken zu entwickeln.

Aufgabe: Ordne daher aus den vorgegebenen Wörtern diejenigen rund um das Reizwort „Schneesturm", die dir für eine Schneesturmgeschichte passend erscheinen. Du kannst natürlich auch eigene Gedanken hinzufügen. So entsteht dann ein Ideenbaum.

SCHNEESTURM

Erdbeereis, Anorak, Eisbär, Sonnenbrand, Gipfel, Schlitten, Hagel, Sonnenblume, schwitzen, ausrutschen, trüb, Angst, rote Pudelmütze, Leuchtrakete, Strandbad, frieren, Hütte, Kaminfeuer, Früchtepunsch, Unwetterwarnung, gefährlich, Schneeraupe, Badehose, neblig, Ungeduld, Klassenfahrt, letztes Butterbrot, Taucherbrille, Sauerstoffflasche, klettern, Pinguin, Eisscholle, tauchen, in den Schnee knietief einsinken

Kathrin Mayer: Aufsatz- und Schreibformen · 5. Klasse · Best.-Nr. 536
© Brigg Pädagogik Verlag GmbH, Augsburg

Um ein paar Ideen für eine Geschichte zu sammeln, kann man die Technik des Gedankensturms anwenden. Dabei kommt es darauf an, die ersten Ideen, die man zu einem Begriff hat, sofort aufzuschreiben und zuzuordnen.

Manchmal fällt es einem schwer, sofort eigene Gedanken zu entwickeln.

Aufgabe: Ordne daher aus den vorgegebenen Wörtern diejenigen rund um das Reizwort „Schneesturm", die dir für eine Schneesturmgeschichte passend erscheinen. Du kannst natürlich auch eigene Gedanken hinzufügen. So entsteht dann ein Ideenbaum.

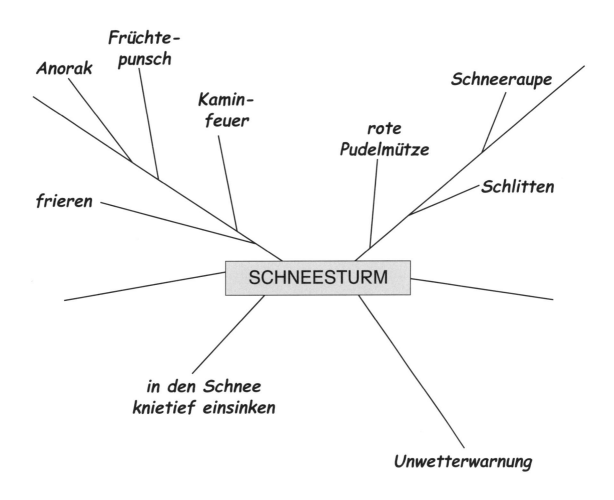

Erdbeereis, Anorak, Eisbär, Sonnenbrand, Gipfel, Schlitten, Hagel, Sonnenblume, schwitzen, ausrutschen, trüb, Angst, rote Pudelmütze, Leuchtrakete, Strandbad, frieren, Hütte, Kaminfeuer, Früchtepunsch, Unwetterwarnung, gefährlich, Schneeraupe, Badehose, neblig, Ungeduld, Klassenfahrt, letztes Butterbrot, Taucherbrille, Sauerstoffflasche, klettern, Pinguin, Eisscholle, tauchen, in den Schnee knietief einsinken

Kathrin Mayer: Aufsatz- und Schreibformen · 5. Klasse · Best.-Nr. 536
© Brigg Pädagogik Verlag GmbH, Augsburg

Um ein paar Ideen für eine Geschichte zu sammeln, kann man die Technik des Gedankensturms anwenden. Dabei kommt es darauf an, die ersten Ideen, die man zu einem Begriff hat, sofort aufzuschreiben und zuzuordnen.

Rund um das Reizwort „Schneesturm" siehst du hier verschiedene leere Sprechblasen. Fülle Sie mit deinen ersten Gedanken zum Thema „Schneesturm" aus und bilde so einen Ideenbaum.

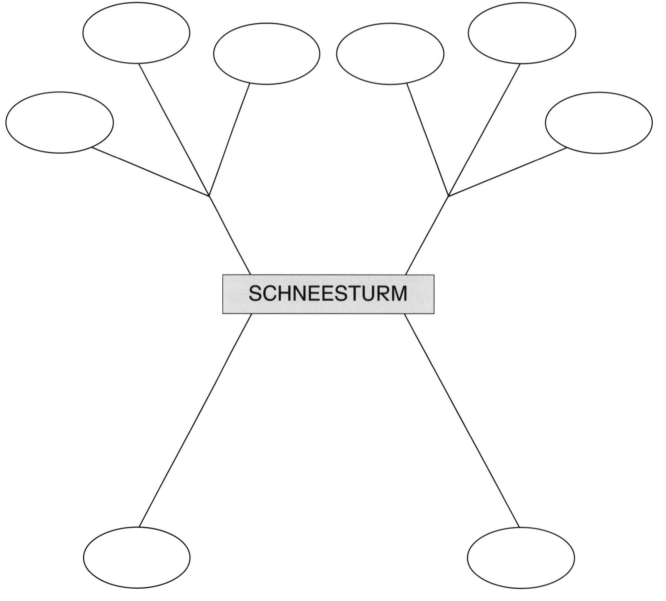

SCHNEESTURM

Kathrin Mayer: Aufsatz- und Schreibformen · 5. Klasse · Best.-Nr. 536
© Brigg Pädagogik Verlag GmbH, Augsburg

Um ein paar Ideen für eine Geschichte zu sammeln, kann man die Technik des Gedankensturms anwenden. Dabei kommt es darauf an, die ersten Ideen, die man zu einem Begriff hat, sofort aufzuschreiben und zuzuordnen.

Rund um das Reizwort „Schneesturm" siehst du hier verschiedene leere Sprechblasen. Fülle Sie mit deinen ersten Gedanken zum Thema „Schneesturm" aus und bilde so einen Ideenbaum.

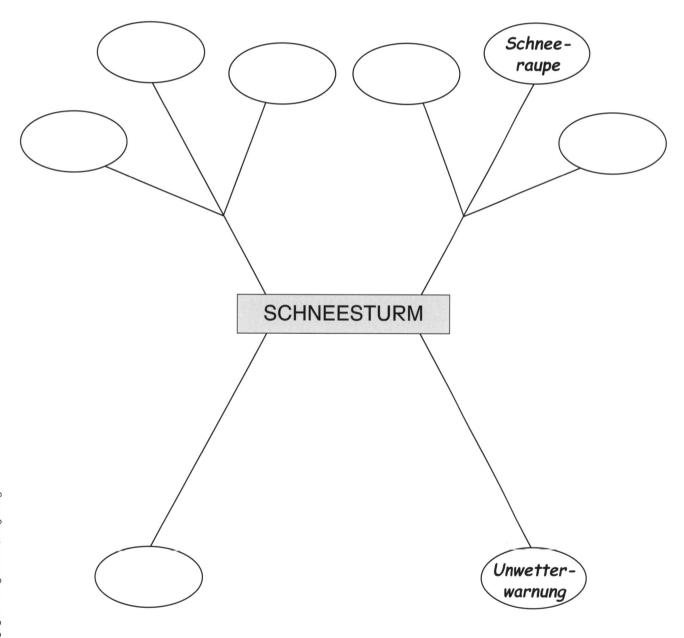

Kathrin Mayer: Aufsatz- und Schreibformen · 5. Klasse · Best.-Nr. 536
© Brigg Pädagogik Verlag GmbH, Augsburg

Aufgabe 1: Finde zu jedem Wort immer ein passendes Verb und ein passendes Adjektiv.

Beispiel: Erdbeereis: rot / kleckern

Anorak: _____

Eisbär: _____

Sonnenbrand: _____

Gipfel: _____

Schlitten: _____

Hagel: _____

Sonnenblume: _____

Pudelmütze: _____

Leuchtrakete: _____

Kaminfeuer: _____

Früchtepunsch: _____

Schneeraupe: _____

Badehose: _____

Klassenfahrt: _____

Sauerstoffflasche: _____

 Aufgabe 2: Bilde nun Sätze mit zehn Begriffspaaren, die du zusammengestellt hast. Schreibe sie auf ein Extrablatt.

Beispiel: Das rote Erdbeereis kleckert auf die Hose.

Kathrin Mayer: Aufsatz- und Schreibformen · 5. Klasse · Best.-Nr. 536
© Brigg Pädagogik Verlag GmbH, Augsburg

Aufgabe 1: Finde zu jedem Wort immer ein passendes Verb und ein passendes Adjektiv.

Beispiel:	Erdbeereis:	**rot / kleckern**
	Anorak:	**kuschelig / wärmen**
	Eisbär:	**gefährlich / jagen**
	Sonnenbrand:	**schmerzhaft / vermeiden**
	Gipfel:	**hoch / erklimmen**
	Schlitten:	**schnell / sausen**
	Hagel:	**rund / prasseln**
	Sonnenblume:	**gelb / blühen**
	Pudelmütze:	**bunt / stricken**
	Leuchtrakete:	**leuchtend / abschießen**
	Kaminfeuer:	**knisternd / brennen**
	Früchtepunsch:	**süß / trinken**
	Schneeraupe:	**laut / (Schnee) schieben**
	Badehose:	**weit / rutschen**
	Klassenfahrt:	**lustig / genießen**
	Sauerstoffflasche:	**voll / tauchen**

Aufgabe 2: Bilde nun Sätze mit zehn Begriffspaaren, die du zusammengestellt hast. Schreibe sie auf ein Extrablatt.

Beispiel: Das rote Erdbeereis kleckert auf die Hose.

Kathrin Mayer: Aufsatz- und Schreibformen · 5. Klasse · Best.-Nr. 536
© Brigg Pädagogik Verlag GmbH, Augsburg

Aufgabe: In deiner Geschichte, die du nun erzählen sollst, müssen diese folgenden Sätze unbedingt vorkommen. Zudem muss jeder Satz mindestens ein Adjektiv enthalten. Unterstreiche alle Adjektive, die in der Geschichte vorkommen, blau. Umrande das Bezugswort rot.

„Die grellbunte Pudelmütze hatte mir meine Oma zum letzten Geburtstag gestrickt."

„Immer wieder prasselten faustgroße Hagelkörner herab."

Kathrin Mayer: Aufsatz- und Schreibformen · 5. Klasse · Best.-Nr. 536
© Brigg Pädagogik Verlag GmbH, Augsburg

Aufgabe: In deiner Geschichte, die du nun erzählen sollst, müssen diese folgenden Sätze unbedingt vorkommen. Zudem muss jeder Satz mindestens ein Adjektiv enthalten. Unterstreiche alle Adjektive, die in der Geschichte vorkommen, blau. Umrande das Bezugswort rot.

Paulina hasst <u>eiskalte</u> Winterferien. Warum das so ist, wird klar, wenn man einen Blick in ihr <u>geheimes</u> Tagebuch wirft: „Liebes Tagebuch, warum passiert das eigentlich immer nur mir? Dieser <u>letzte</u> Ferientag hat mich zum Gespött der <u>ganzen</u> Stadt gemacht. Morgens schien noch <u>freundlich</u> die Sonne, als ich mich auf den Weg in die <u>nahe</u> Stadt machte. Weil es schon recht <u>mild</u> war, hatte ich nur meine <u>grüne</u> Fleecejacke an und - nur für den <u>absoluten</u> Notfall – meine Mütze in der Tasche. Die <u>grellbunte</u> Pudelmütze hatte mir meine Oma zum <u>letzten</u> Geburtstag gestrickt. Solch eine <u>hässliche</u> Mütze hatte ich vorher noch nie gesehen. Aber meine <u>unbarmherzige</u> Mutter bestand darauf, dass ich sie Oma zuliebe aufsetzen sollte.

Während ich durch die <u>engen</u> Gassen der Altstadt schlenderte, sah ich Martin und seine <u>besten</u> Freunde auf mich zukommen. Martin ist mein <u>heimlicher</u> Schwarm und echt <u>cool</u>. Ich wollte mich gerade in das <u>nächste</u> Geschäft retten, da hörte ich es hinter mir rufen. Meine <u>ängstliche</u> Oma schrie mit einer <u>unglaublichen</u> Lautstärke, dass ich meine Mütze aufsetzen solle, damit ich mir keine <u>schmerzhafte</u> Ohrenentzündung holte. Als <u>folgsame</u> Enkelin holte ich die <u>furchtbare</u> Mütze hervor. In diesem Moment begann es auch schon zu schütten. Immer wieder prasselten <u>faustgroße</u> Hagelkörner herab. Eins traf mich an meiner <u>empfindlichen</u> Nase, die auch sofort zu bluten begann. Zugleich entdeckte ich voller Entsetzen, dass der <u>schöne</u> Martin mich von der <u>trockenen</u> Buchhandlung aus beobachtete und seine <u>gemeinen</u> Freunde sich vor Lachen über meine <u>kindische</u> Pudelmütze und die <u>blutende</u> Nase die Bäuche hielten. Ich bekam sofort einen <u>blutroten</u> Kopf und rannte, ohne mich noch einmal umzuschauen, nach Hause."

Kathrin Mayer: Aufsatz- und Schreibformen · 5. Klasse · Best.-Nr. 536
© Brigg Pädagogik Verlag GmbH, Augsburg

_____   _____

_____   _____

_____   _____

_____   _____

Aufgabe: Sieh dir die beiden Bilder genau an. Schreibe unter jedes Bild, was du sehen kannst. Aus den beiden Bildern kann man eine kleine Geschichte machen. Beende die Geschichte in wenigen Sätzen, so dass klar wird, worin der Witz der Bilder liegt.

Diese Geschichte beginnt so:

Bernie Bagger war ein leidenschaftlicher Baggerführer. Überallhin nahm er seinen Bagger mit. Auch in den Urlaub. Letztes Jahr war er in Italien …

_____

_____

_____

_____

_____

_____

_____

Kathrin Mayer: Aufsatz- und Schreibformen · 5. Klasse · Best.-Nr. 536
© Brigg Pädagogik Verlag GmbH, Augsburg

_____   _____

_____   _____

_____   _____

_____   _____

Aufgabe: Sieh dir die beiden Bilder genau an. Schreibe unter jedes Bild, was du sehen kannst. Aus den beiden Bildern kann man eine kleine Geschichte machen. Beende die Geschichte in wenigen Sätzen, so dass klar wird, worin der Witz der Bilder liegt.

Diese Geschichte beginnt so:

Bernie Bagger war ein leidenschaftlicher Baggerführer. Überallhin nahm er seinen Bagger mit. Auch in den Urlaub. Letztes Jahr war er in Italien. ***In der Nähe des kleinen Städt-chens Pisa mit seinen hübschen Türmen fand er einen prima Platz zum Baggern. Die Erde war schön locker und ließ sich ganz leicht wegbaggern. Er wunderte sich nur über die Leute, die immer hektischer vor seinem Bagger auf und ab hüpften. Endlich wurde es Bernie zu bunt. Er schaltete den Motor ab und blickte sich um. Erschrocken riss er die Augen auf, als er sah, dass der schöne alte Turm, den er am Morgen noch bewundert hatte, sich gefährlich zur Seite neigte …***

Kathrin Mayer: Aufsatz- und Schreibformen · 5. Klasse · Best.-Nr. 536
© Brigg Pädagogik Verlag GmbH, Augsburg

A:

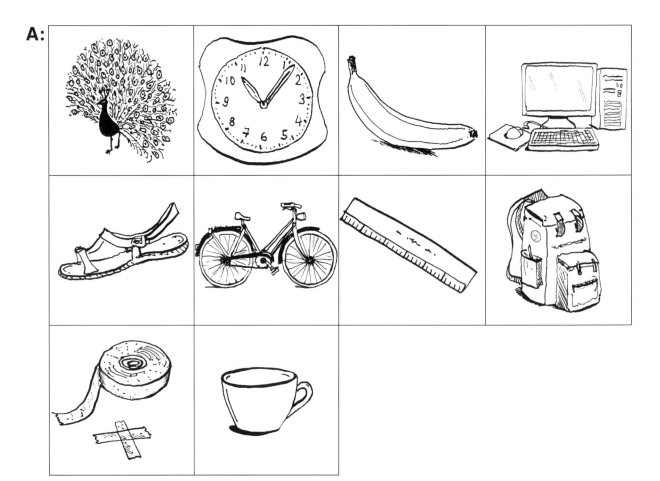

Aufgabe: Du wählst aus den Gegenständen drei Dinge aus, die in der Geschichte deines Nachbarn vorkommen müssen. Umkreise die drei Dinge und reiche daraufhin deinem Partner das Blatt.

Du erhältst dann von deinem Partner ebenfalls ein Blatt mit drei umkreisten Gegenständen, die du nun in deine Geschichte einbauen musst.

Wenn ihr beide eure Geschichte beendet habt, tauscht ihr die Arbeitsblätter. Nun kontrolliert jeder, ob die drei Gegenstände tatsächlich in der Geschichte vorkommen.

Kathrin Mayer: Aufsatz- und Schreibformen · 5. Klasse · Best.-Nr. 536
© Brigg Pädagogik Verlag GmbH, Augsburg

B:

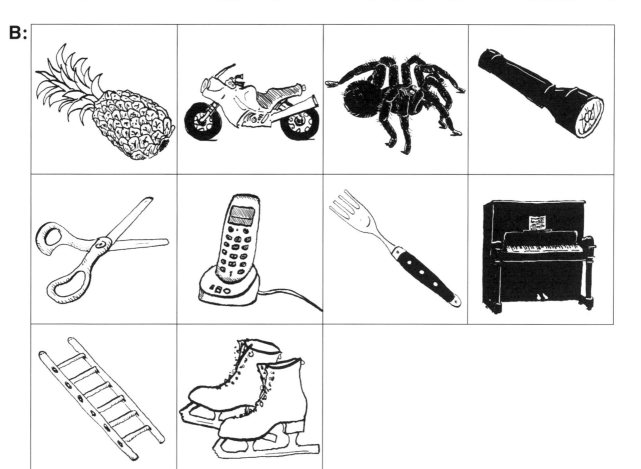

Aufgabe: Du wählst aus den Gegenständen in Kästchen B drei Dinge aus, die in der Geschichte deines Nachbarn vorkommen müssen. Umkreise die drei Dinge und reiche daraufhin deinem Partner das Blatt.

Du erhältst dann von deinem Partner ebenfalls ein Blatt mit drei umkreisten Gegenständen, die du nun in deine Geschichte einbauen musst.

Wenn ihr beide eure Geschichte beendet habt, tauscht ihr die Arbeitsblätter. Nun kontrolliert jeder, ob die drei Gegenstä nde tatsächlich in der Geschichte vorkommen.

Kathrin Mayer: Aufsatz- und Schreibformen · 5. Klasse · Best.-Nr. 536
© Brigg Pädagogik Verlag GmbH, Augsburg

Wie soll die Geschichte weitergehen?

Aufgabe: Betrachte die ersten drei Bilder. Beim vierten Bild musst du entscheiden, wie es weitergehen soll. Erzähle nun deine Geschichte von Kai und dem Ballon. Was erlebt Kai im weiteren Verlauf der Geschichte?

Kai ist neu in der Stadt und hat noch keine Freunde. Eines Tages entschließt er sich, etwas

zu unternehmen, damit er nicht mehr so einsam ist ...

_____

_____

_____

_____

_____

_____

_____

_____

Kathrin Mayer: Aufsatz- und Schreibformen · 5. Klasse · Best.-Nr. 536
© Brigg Pädagogik Verlag GmbH, Augsburg

Wie soll die Geschichte weitergehen?

Aufgabe: Betrachte die ersten drei Bilder. Beim vierten Bild musst du entscheiden, wie es weitergehen soll. Erzähle nun deine Geschichte von Kai und dem Ballon. Was erlebt Kai im weiteren Verlauf der Geschichte?

Kai ist neu in der Stadt und hat noch keine Freunde. Eines Tages entschließt er sich, etwas zu unternehmen, damit er nicht mehr so einsam ist. ***Er schreibt einen Brief, worin er seine Einsamkeit in dieser neuen Stadt schildert. Dann heftet er den Brief an einen Ballon, der davonschwebt. Wo wird der Ballon landen? Wer mag ihn finden? …***

Bild 4 a:

Kais Abenteuer auf dem Wasser auf der Reise zu seinem Eskimofreund. Kälte; Haus aus Eis; getrockneter Fisch; Walfleisch; Bedrohung der Lebensweise der Innuit durch das Abschmelzen der Polkappen …

Bild 4 b:

Kai erkennt, dass es noch andere einsame Kinder gibt; Brieffreundschaft entwickelt sich; Besuch geplant …

Aufgabe: Entwickelt eine Erzählung zu dem Stichwort „Schneesturm".
In der Geschichte müssen auch folgende Wörter vorkommen: „roter Schal", „Eisbär",
„Schwimmflossen", „Kaugummi". An welcher Stelle ihr diese Wörter einbaut, könnt ihr
selbst entscheiden. Achtet darauf, dass bei aller Fantasie der Leser dem Fortgang eurer
Geschichte folgen kann.

Kathrin Mayer: Aufsatz- und Schreibformen · 5. Klasse · Best.-Nr. 536
© Brigg Pädagogik Verlag GmbH, Augsburg

Aufgabe: Entwickelt eine Erzählung zu dem Stichwort „Schneesturm".
In der Geschichte müssen auch folgende Wörter vorkommen: „roter Schal", „Eisbär",
„Schwimmflossen", „Kaugummi". An welcher Stelle ihr diese Wörter einbaut, könnt ihr
selbst entscheiden. Achtet darauf, dass bei aller Fantasie der Leser dem Fortgang eurer
Geschichte folgen kann.

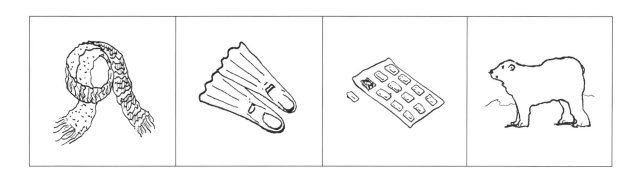

*Eigentlich schneit es bei uns zu Hause eher selten, denn unsere kleine Stadt liegt
in einem Tal an einem breiten, ruhigen Fluss. Diesen Winter jedoch fing es eines
dunklen Dezemberabends an zu schneien. Die Flocken fielen anfangs langsam, dann
aber immer dichter, so dass man bald die Rücklichter der Autos nicht mehr erkennen konnte. Dann kam auch noch ein starker Wind auf, der sich zu einem richtigen
Schneesturm steigerte.*
*Ich war zu diesem Zeitpunkt noch bei meiner Tante Mathilde, musste mich dann
aber auf den Heimweg machen, damit sich meine Mutter keine Sorgen machte. Ich
zog also den roten Schal fest um meinen Hals und stapfte los durch den mittlerweile knietiefen Schnee. Ich musste mich sehr konzentrieren, um den Weg nicht
zu verlieren, denn inzwischen hatte der Sturm den Schnee so verweht, dass Straße und nahes Flussufer nicht mehr zu unterscheiden waren. Plötzlich rutschte ich
aus und schlitterte eine kleine Böschung hinab. Kurz vor dem Fluss kam ich glücklicherweise zum Stehen. Erleichtert blickte ich hinunter in das dunkle Wasser.
Der Mond schaute mir entgegen und neben mir tauchte eine große Gestalt auf.
Erschrocken drehte ich mich um und wäre beinahe rückwärts ins dunkle Nass gefallen. Denn der Schatten gehörte nicht zu einem Erwachsenen, sondern neben mir
stand ein riesiger Eisbär. Starr vor Schreck hörte ich, wie der Eisbär nuschelte:
„Ganz ruhig, junger Freund." Er war kaum zu verstehen, was daran lag, dass der
weiße Riese unentwegt Kaugummi kaute. „Bin dem Schnee gefolgt und nun habe ich
die Orientierung verloren. Du kennst nicht zufällig den Weg nach Norden?" Der
Bär schien freundlich und harmlos zu sein, obwohl man von Eisbären sonst Anderes
hört. Also beschloss ich, ihm zu helfen. Leider hatte ich selber keine Ahnung, wo
es nun zum Nordpol ging. Aber ich wollte nicht unhöflich sein, deshalb riet ich ihm:
„Eigentlich musst du nur immer dem Fluss folgen. Der mündet nämlich in die Nordsee. Von da ist es nur noch ein Katzensprung bis ans Polarmeer." Der Bär schien
erleichtert. „Du hast ja wirklich Ahnung. Herzlichen Dank. Kann ich dich ein Stück
mitnehmen?" Verdutzt sah ich, wie der Bär ein Paar Schwimmflossen aus dem Pelz
hervorzog, und murmelte: „Nehme ich immer mit – für alle Fälle!" Da mein Zuhause
noch ein gutes Stück flussabwärts lag, nahm ich das Angebot des Eisbären dankend
an und krallte mich am Fell fest, das sich warm und ein wenig fettig anfühlte.
Meine Mutter war sehr erleichtert, als sie mich vom Ufer heraufkommen sah. Die
Geschichte mit dem Eisbären erzählte ich ihr lieber nicht, da sie sich immer so
leicht aufregt und dann entweder schreit oder heult. Nur als sie mir am nächsten
Morgen aus der Zeitung vorlas, dass einige Leute in der Stadt den Yeti gesehen
hatten, musste ich doch schmunzeln und hoffte, dass der Eisbär wieder gut am
Nordpol angekommen war.*

Aufgabe: Schreibt eine Fantasieerzählung, in der folgende Wörter vorkommen müssen: Tretboot, Aal, Wäscheklammer, Rosinenbrötchen, Dudelsack. An welcher Stelle ihr diese Wörter einbaut, könnt ihr selbst entscheiden. Achtet darauf, dass bei aller Fantasie der Leser dem Fortgang eurer Geschichte folgen kann.

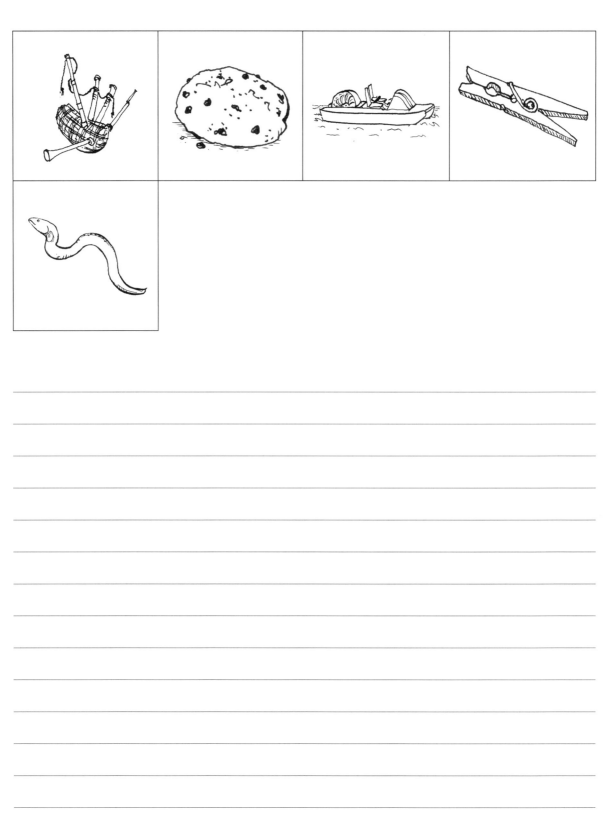

Kathrin Mayer: Aufsatz- und Schreibformen · 5. Klasse · Best.-Nr. 536
© Brigg Pädagogik Verlag GmbH, Augsburg

Aufgabe: Schreibt eine Fantasieerzählung, in der folgende Wörter vorkommen müssen: Tretboot, Aal, Wäscheklammer, Rosinenbrötchen, Dudelsack. An welcher Stelle ihr diese Wörter einbaut, könnt ihr selbst entscheiden. Achtet darauf, dass bei aller Fantasie der Leser dem Fortgang eurer Geschichte folgen kann.

Schon immer war es mein Wunsch, einmal Schottland zu besuchen. Aber die Reise ist weit und dauert lange. Also begnügte ich mich damit, meine Ferien an einem nahegelegenen See zu verbringen. In einem schönen kleinen Holzhaus direkt am Ufer konnte ich nun nach Herzenslust faulenzen und die Sonne genießen. Morgens frühstückte ich auf der kleinen Terrasse, zu gutem Kaffee gönnte ich mir immer <u>Rosinenbrötchen</u>, die ich so mag.
Ganz in der Nähe gab es ein kleines Flüsschen, welches in den See mündete. Merkwürdige Netze lagen da im Wasser. Ich trat näher und sah einen <u>Aal</u> in einer Reuse zappeln. Unweit davon lag ein <u>Tretboot</u> am Seeufer. Es war ein schöner Tag und so setzte ich mich hinein und fuhr auf die glitzernde Wasserfläche hinaus. Plötzlich aber erfasste mich eine schnelle Strömung und trieb mich immer weiter hinaus; mein Holzhaus wurde immer kleiner. Ich versuchte gegenzusteuern, um direkt an das rettende Ufer zu kommen. Keine Chance, im Gegenteil, das Boot wurde schneller, der Wind sauste in meinen Ohren. Der See war auf einmal unermesslich groß geworden. Von den Ufern war nichts mehr zu sehen. Wie auf einem offenen Meer fuhr ich dahin. Erst ganz leise, dann immer lauter und deutlicher vernehmbar hörte ich Klänge eines <u>Dudelsacks</u>. Am Horizont erhoben sich weite grüne Berge. Da lief mein Tretboot hart auf einen Strand auf. Ich stieg aus und vor mir stand ein leibhaftiger Schotte mit seinem Dudelsack und spielte mir ein schottisches Volkslied. Ich war im Land meiner Träume: Schottland. Aber merkwürdig: Seinen Kilt, das traditionelle schottische Kleidungsstück, hielt der Mann mit <u>Wäscheklammern</u> zusammen. Irgendetwas stimmte hier nicht.

Kathrin Mayer: Aufsatz- und Schreibformen · 5. Klasse · Best.-Nr. 536
© Brigg Pädagogik Verlag GmbH, Augsburg

Eine Fantasiegeschichte kann entweder komplett verrückt ablaufen, so dass die gesamten Gesetze der Natur aufgehoben werden. Es können Fantasiewesen auftreten, die sich ungewöhnlich benehmen und aussehen. Oder aber man bleibt nahe an der Wirklichkeit und verändert nur wenig an tatsächlich möglichen Ereignissen.

Aufgabe: Lest die beiden folgenden Varianten einer Fantasiegeschichte zum Thema „Schneesturm" durch und entscheidet, welche Variante der Fantasiegeschichte jeweils vorliegt. Nennt Vorteile und Nachteile von beiden Erzählmöglichkeiten.

Variante 1

Im letzten Sommer waren meine Familie und ich in den Ferien in Ägypten bei den Pyramiden. Es war jeden Tag unheimlich heiß, so dass wir es nur am Wasser aushalten konnten.

Doch eines Morgens wachte ich auf, weil ich am ganzen Körper zitterte. Als ich aus dem Fenster blickte, traute ich meinen Augen nicht. Draußen tobte ein wütender Schneesturm. Die Pyramiden ragten nur noch zur Hälfte aus dem Schnee heraus. Sofort lief ich zu meinen Eltern, die auch von der plötzlichen Kälte aufgewacht waren. Gemeinsam gingen wir zum Frühstücksraum, wo wir an unserem Platz einen Eisbären vorfanden. Mein Vater wollte sich gerade über die Unverschämtheit des Bären aufregen, sich einfach an unseren Tisch zu setzen, da bemerkten wir, dass auch an den anderen Tischen seltsame Tiere saßen. Drei Pinguine holten sich eine Portion Himbeereis vom Buffet, eine Robbe jonglierte mit der Saftkanne und ein Schneehase knabberte die ganze Dekoration von den Tellern. Der Eisbär war dann so freundlich, ein wenig zu rücken, so dass wir auch frühstücken konnten. Nachdem wir uns gestärkt hatten, lud uns die Robbe zum Snowboarden auf die Pyramiden ein. Ich knotete meinen roten Schal am Schwanz des Meerestieres fest und ließ mich von ihm ziehen. Auf der Fahrt erklärte die Robbe mir, dass die Tiere auch einmal Urlaub machen wollten, deshalb hätten sie den Schnee kurzerhand eingepackt, auch wenn das im Flugzeug ein Vermögen an Übergepäck gekostet hatte, und seien nach Ägypten geflogen. Der Eisbär allerdings sei mit der Bahn gefahren, da er unter extremer Flugangst leide, verriet die Robbe ein wenig schadenfroh. Vor den Pyramiden verkaufte ein pfiffiges Kamel an die Wartenden Schwimmflossen, mit denen man wie auf Gleitschuhen die steilen Hänge der Pyramiden heruntersausen konnte. Ich zog die Schwimmflossen über meine Sandalen, denn andere Schuhe hatte ich ja nicht dabei, und versuchte, den Hang hinaufzuklettern. Immer wieder rutschte ich die wenigen Meter rückwärts, bis ein hilfsbereiter Schneefuchs seinen Kaugummi ausspuckte und ihn mir unter die Flossen klebte. So viel Spaß wie an diesem Tag hatte ich im gesamten restlichen Urlaub nicht mehr. Am Abend war der Urlaub der Schneetiere leider zu Ende und sie packten den Schnee wieder in ihre Koffer. Ich winkte noch lange, bis die weiße Wolke am Horizont verschwunden war.

Kathrin Mayer: Aufsatz- und Schreibformen · 5. Klasse · Best.-Nr. 536
© Brigg Pädagogik Verlag GmbH, Augsburg

Variante 2

Eigentlich schneit es bei uns zu Hause eher selten, denn unsere kleine Stadt liegt in einem Tal an einem breiten, ruhigen Fluss. Diesen Winter jedoch fing es eines dunklen Dezemberabends an zu schneien. Die Flocken fielen anfangs langsam, dann aber immer dichter, so dass man bald die Rücklichter der Autos nicht mehr erkennen konnte. Dann kam auch noch ein starker Wind auf, der sich zu einem richtigen Schneesturm steigerte. Ich war zu diesem Zeitpunkt noch bei meiner Tante Mathilde, musste mich dann aber auf den Heimweg machen, damit sich meine Mutter keine Sorgen machte. Ich zog also den roten Schal fest um meinen Hals und stapfte los durch den mittlerweile knietiefen Schnee. Ich musste mich sehr konzentrieren, um den Weg nicht zu verlieren, denn inzwischen hatte der Sturm den Schnee so verweht, dass Straße und nahes Flussufer nicht mehr zu unterscheiden waren. Plötzlich rutschte ich aus und schlitterte eine kleine Böschung hinab. Kurz vor dem Fluss kam ich glücklicherweise zum Stehen. Erleichtert blickte ich hinunter in das dunkle Wasser. Der Mond schaute mir entgegen und neben mir tauchte eine große Gestalt auf. Erschrocken drehte ich mich um und wäre beinahe rückwärts ins dunkle Nass gefallen. Denn der Schatten gehörte nicht zu einem Erwachsenen, sondern neben mir stand ein riesiger Eisbär. Starr vor Schreck hörte ich, wie der Eisbär nuschelte: „Ganz ruhig, junger Freund." Er war kaum zu verstehen, was daran lag, dass der weiße Riese unentwegt Kaugummi kaute. „Bin dem Schnee gefolgt und nun habe ich die Orientierung verloren. Du kennst nicht zufällig den Weg nach Norden?" Der Bär schien freundlich und harmlos zu sein, obwohl man von Eisbären sonst Anderes hört. Also beschloss ich, ihm zu helfen. Leider hatte ich selber keine Ahnung, wo es nun zum Nordpol ging. Aber ich wollte nicht unhöflich sein, deshalb riet ich ihm: „Eigentlich musst du nur immer dem Fluss folgen. Der mündet nämlich in die Nordsee. Von da ist es nur noch ein Katzensprung bis ans Polarmeer." Der Bär schien erleichtert. „Du hast ja wirklich Ahnung. Herzlichen Dank. Kann ich dich ein Stück mitnehmen?" Verdutzt sah ich, wie der Bär ein Paar Schwimmflossen aus dem Pelz hervorzog, und murmelte: „Nehme ich immer mit – für alle Fälle!" Da mein Zuhause noch ein gutes Stück flussabwärts lag, nahm ich das Angebot des Eisbären dankend an und krallte mich am Fell fest, das sich warm und ein wenig fettig anfühlte.

Meine Mutter war sehr erleichtert, als sie mich vom Ufer heraufkommen sah. Die Geschichte mit dem Eisbären erzählte ich ihr lieber nicht, da sie sich immer so leicht aufregt und dann entweder schreit oder heult. Nur als sie mir am nächsten Morgen aus der Zeitung vorlas, dass einige Leute in der Stadt den Yeti gesehen hatten, musste ich doch schmunzeln und hoffte, dass der Eisbär wieder gut am Nordpol angekommen war.

Kathrin Mayer: Aufsatz- und Schreibformen · 5. Klasse · Best.-Nr. 536
© Brigg Pädagogik Verlag GmbH, Augsburg

Eine Fantasiegeschichte kann entweder komplett verrückt ablaufen, so dass die gesamten Gesetze der Natur aufgehoben werden. Es können Fantasiewesen auftreten, die sich ungewöhnlich benehmen und aussehen. Oder aber man bleibt nahe an der Wirklichkeit und verändert nur wenig an tatsächlich möglichen Ereignissen.

Aufgabe: Lest die beiden folgenden Varianten einer Fantasiegeschichte zum Thema „Schneesturm" durch und entscheidet, welche Variante der Fantasiegeschichte jeweils vorliegt. Nennt Vorteile und Nachteile von beiden Erzählmöglichkeiten.

Variante 1:

Fantasiegeschichte, die keine Rücksicht auf Naturgesetze nimmt (Schnee in Ägypten im Sommer; Schnee in Koffern; sprechende Tiere, die Urlaub machen…).

Vorteile: Man merkt sofort, dass es sich um eine Fantasiegeschichte handelt. Die Situationen sind verrückter und deshalb lustiger.
Die Geschichte hat eine kurze Einleitung. Man steht sofort im Geschehen.

Nachteile: So viel Fantasie kann übertrieben wirken.
Verzicht auf direkte Rede.

Variante 2:

Fantasiegeschichte, die näher an der Wirklichkeit liegt.
Vorteile: Der Leser merkt erst etwas später, dass es sich um eine Fantasiegeschichte handelt. Die Fantasieelemente treten durch den Kontrast mit der realen Erzählung deutlicher hervor. Man kann durch den wirklichkeitsnahen Verlauf der Geschichte gut folgen.
Diese Geschichte hat eine längere Einleitung als die Version 1. Der Leser wird langsam in die Geschichte eingeführt.
Direkte Rede lässt die Geschichte lebendiger wirken.

Nachteile: Möglicherweise dauert es (zu) lange, bis der Leser merkt, dass es sich um eine Fantasiegeschichte handelt. Sie wirkt zu wenig fantastisch.

Kathrin Mayer: Aufsatz- und Schreibformen · 5. Klasse · Best.-Nr. 536
© Brigg Pädagogik Verlag GmbH, Augsburg

Schreibe eine Fantasieerzählung zu einem der drei Erzählanfänge. Entscheide dich, ob deine Erzählung fantastisch-verrückt werden soll oder ob sie nur einige fantastische Elemente enthalten soll. Achte aber in jedem Fall darauf, dass die einzelnen Handlungsschritte für den Leser verständlich bleiben.

Erzählanfang 1 (verrückt-fantastisch)

Eines Nachts wachte ich von einem unheimlichen Geräusch auf. Es hörte sich an wie ein trockenes Husten und manchmal auch wie ein knisterndes Rascheln. Ich überlegt kurz, ob ich mir einfach die Bettdecke über den Kopf ziehen sollte, um nichts mehr zu hören. Aber dann kroch ich mutig aus dem Bett. Mit zitternden Knien schlich ich zur Tür, die sich knarrend öffnete ...

Erzählanfang 2 (realistischer)

Claudia und Christian gehen immer gemeinsam zur Schule. Der Weg ist nicht weit, aber er führt durch einen kleinen Park mit einer dunklen Unterführung, über der auf einer stark befahrenen Hauptstraße viele Autos brausen. Eines Tages passierte genau an dieser Stelle etwas Merkwürdiges ...

Erzählanfang 3 (realistischer)

Normalerweise ruft mich meine Oma immer nur an meinem Geburtstag und an Weihnachten an, ansonsten spricht sie immer mit meiner Mutter. Ich telefoniere nämlich nicht gerne, denn ich finde es blöd, mit einem Menschen zu sprechen, den ich nicht sehe. Aber am letzten Donnerstag wollte meine Oma nur mit mir reden. Sie war sehr aufgeregt ...

Schreibe zum ersten Erzählanfang eine verrückt-fantastische Erzählung, in der auch Monster und Außerirdische vorkommen können.

Schreibe dann zu einem der beiden anderen Erzählanfänge eine Fantasiegeschichte, die sich stärker an wirkliche Ereignisse hält und nur einige fantastische Elemente enthält. Achte aber in jedem Fall darauf, dass die einzelnen Handlungsschritte für den Leser verständlich bleiben.

Erzählanfang 1

Eines Nachts wachte ich von einem unheimlichen Geräusch auf. Es hörte sich an wie ein trockenes Husten und manchmal auch wie ein knisterndes Rascheln. Ich überlegt kurz, ob ich mir einfach die Bettdecke über den Kopf ziehen sollte, um nichts mehr zu hören. Aber dann kroch ich mutig aus dem Bett. Mit zitternden Knien schlich ich zur Tür, die sich knarrend öffnete …

Erzählanfang 2

Claudia und Christian gehen immer gemeinsam zur Schule. Der Weg ist nicht weit, aber er führt durch einen kleinen Park mit einer dunklen Unterführung, über der auf einer stark befahrenen Hauptstraße viele Autos brausen. Eines Tages passierte genau an dieser Stelle etwas Merkwürdiges …

Erzählanfang 3

Normalerweise ruft mich meine Oma immer nur an meinem Geburtstag und an Weihnachten an, ansonsten spricht sie immer mit meiner Mutter. Ich telefoniere nämlich nicht gerne, denn ich finde es blöd, mit einem Menschen zu sprechen, den ich nicht sehe. Aber am letzten Donnerstag wollte meine Oma nur mit mir reden. Sie war sehr aufgeregt …

Kathrin Mayer: Aufsatz- und Schreibformen · 5. Klasse · Best.-Nr. 536
© Brigg Pädagogik Verlag GmbH, Augsburg

D. Beschreiben

Aufgabe: Kuno ist vier Jahre alt und hat ein Lieblingskuscheltier. Allerdings kann er es gerade nicht finden. Deshalb ist er sehr verzweifelt. Hilf ihm, sein Kuscheltier zu suchen. Kuno gibt dir Hinweise auf sein Kuscheltier. Unterstreiche alle Angaben, die dir helfen, Kunos Kuscheltier zu finden.

„Meinen Schnuffel hab ich am allerliebsten. Ohne ihn kann ich nicht einschlafen. Ich lege mir Schnuffel immer unters Kopfkissen. Er ist größer als meine Plüschmaus. Die habe ich von meiner Freundin Tina bekommen. Schnuffel hat zwei ziemlich große Ohren, fast wie ein Elefant. Aber Tröt, mein Elefant, hat seit einem Unfall nur noch ein Ohr. Schnuffel ist auch viel schöner. Er hat ein ganz zotteliges Fell, das mich immer in der Nase kitzelt."

Schnuffel ist _____

Kathrin Mayer: Aufsatz- und Schreibformen · 5. Klasse · Best.-Nr. 536
© Brigg Pädagogik Verlag GmbH, Augsburg

Aufgabe: Kuno ist vier Jahre alt und hat ein Lieblingskuscheltier. Allerdings kann er es gerade nicht finden. Deshalb ist er sehr verzweifelt. Hilf ihm, sein Kuscheltier zu suchen. Kuno gibt dir Hinweise auf sein Kuscheltier. Unterstreiche alle Angaben, die dir helfen, Kunos Kuscheltier zu finden.

„Meinen Schnuffel hab ich am allerliebsten. Ohne ihn kann ich nicht einschlafen. Ich lege mir Schnuffel immer unters Kopfkissen. Er ist <u>größer als meine Plüschmaus</u>. Die habe ich von meiner Freundin Tina bekommen. Schnuffel hat <u>zwei ziemlich große Ohren</u>, fast wie ein Elefant. Aber Tröt, mein Elefant, hat seit einem Unfall nur noch ein Ohr. Schnuffel ist auch viel schöner. Er hat ein ganz <u>zotteliges Fell</u>, das mich immer in der Nase kitzelt."

Schnuffel ist *der Teddybär in der zweiten Reihe rechts.*

Kathrin Mayer: Aufsatz- und Schreibformen · 5. Klasse · Best.-Nr. 536
© Brigg Pädagogik Verlag GmbH, Augsburg

Wer ist größer, schöner, schneller?

Adjektive benutzt man, um Gegenstände genauer zu beschreiben.
Oftmals braucht man zur Beschreibung einen Vergleich.

Aufgabe: Du sollst nun die folgenden Adjektive in Verbindung zu den Autos setzen und sie steigern.

Adjektive: alt, schnell, teuer, klein, wendig, schmutzig, gut

Beispiel

Dieses Auto ist groß.	Dieses Auto ist größer.	Dieses Auto ist am größten.

84

Kathrin Mayer: Aufsatz- und Schreibformen · 5. Klasse · Best.-Nr. 536
© Brigg Pädagogik Verlag GmbH, Augsburg

Wer ist größer, schöner, schneller?

Adjektive benutzt man, um Gegenstände genauer zu beschreiben.
Oftmals braucht man zur Beschreibung einen Vergleich.

Aufgabe: Du sollst nun die folgenden Adjektive in Verbindung zu den Autos setzen und sie steigern.

Adjektive: alt, schnell, teuer, klein, wendig, schmutzig, gut

Beispiel

Dieses Auto ist groß.	Dieses Auto ist größer.	Dieses Auto ist am größten.
Dieses Auto ist älter.	*Dieses Auto ist alt.*	*Dieses Auto ist am ältesten.*
Dieses Auto ist schneller.	*Dieses Auto ist am schnellsten.*	*Dieses Auto ist schnell.*
Dieses Auto ist teurer.	*Dieses Auto ist am teuersten.*	*Dieses Auto ist teuer.*
Dieses Auto ist am kleinsten.	*Dieses Auto ist kleiner.*	*Dieses Auto ist klein.*
Dieses Auto ist am wendigsten.	*Dieses Auto ist wendiger.*	*Dieses Auto ist wendig.*
Dieses Auto ist schmutziger.	*Dieses Auto ist schmutzig.*	*Dieses Auto ist am schmutzigsten.*
Dieses Auto ist besser.	*Dieses Auto ist am besten.*	*Dieses Auto ist gut.*

Waschtag

Heute ist großer Waschtag bei Familie Keller. Frau Keller hat die Kleidungsstücke ordentlich aufgehängt. Sarah sucht nun dringend ein paar Sachen, die sie unbedingt heute anziehen will.

Aufgabe: Erkläre Sarah, wo ihre Sachen hängen, indem du die daneben hängenden Kleidungsstücke genau beschreibst.

a) „Hast du die helle Hose gewaschen?"

„Ja, sie hängt _____

b) „Wo ist mein cooles T-Shirt mit Aufdruck?"

_____

c) „Ich suche meine Ringelsocken!!!!"

_____

d) „Ich will den grauen Rock anziehen!"

_____

e) „Ich soll Papas gestreiftes Hemd holen."

_____

Kathrin Mayer: Aufsatz- und Schreibformen · 5. Klasse · Best.-Nr. 536
© Brigg Pädagogik Verlag GmbH, Augsburg

Waschtag

Heute ist großer Waschtag bei Familie Keller. Frau Keller hat die Kleidungsstücke ordentlich aufgehängt. Sarah sucht nun dringend ein paar Sachen, die sie unbedingt heute anziehen will.

Aufgabe: Erkläre Sarah, wo ihre Sachen hängen, indem du die daneben hängenden Kleidungsstücke genau beschreibst.

a) „Hast du die helle Hose gewaschen?"

„Ja, sie hängt **zwischen dem geblümten Rock und den Ringelsocken**.

b) „Wo ist mein cooles T-Shirt mit Aufdruck?"

„Es hängt zwischen dem gepunkteten Hemd und den weißen Socken."

c) „Ich suche meine Ringelsocken!!!!"

„Du findest sie zwischen der weißen Hose und der dunklen kurzen Hose."

d) „Ich will den grauen Rock anziehen!"

„Er hängt zwischen der kurzen Hose und dem gepunkteten Hemd."

e) „Ich soll Papas gestreiftes Hemd holen."

„Es hängt ganz vorne auf der Leine neben dem dunklen T-Shirt."

Kathrin Mayer: Aufsatz- und Schreibformen · 5. Klasse · Best.-Nr. 536
© Brigg Pädagogik Verlag GmbH, Augsburg

Die Beschreibung eines Würfels

Zur Beschreibung eines Gegenstandes benötigt man genaue Informationen, die durch treffende Adjektive und Fachbegriffe gegeben werden. Die Angaben betreffen das Aussehen, das Material, die Form und die Verwendung des zu beschreibenden Gegenstandes.

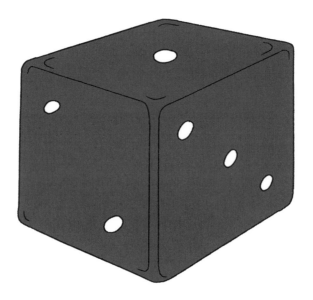

Aufgabe: Verwende die angegebenen Wörter für die Lücken im Text.

Punkte, weiß, Kantenlänge, Gesellschaftsspiele, Summe, quadratisch, hoch, Anzahl, Seiten, gegenüber, schwarz, Hartplastik

Es handelt sich bei einem Würfel um einen _____ Gegen-

stand, dessen _____ immer genau gleich sind. Er ist etwa

einen Zentimeter _____ und hat sechs _____ . Auf

jeder der Seiten sind _____ zu erkennen, allerdings jeweils in

einer anderen _____ zwischen eins uns sechs. Jedoch ergibt

die _____ der Punkte auf den _____ liegenden

Seiten immer sieben. In der Regel sind die Seiten _____ und

die Punkte _____ . Der Würfel ist aus _____ . Man

benötigt bei vielen _____ einen Würfel.

Kathrin Mayer: Aufsatz- und Schreibformen · 5. Klasse · Best.-Nr. 536
© Brigg Pädagogik Verlag GmbH, Augsburg

Die Beschreibung eines Würfels

Zur Beschreibung eines Gegenstandes benötigt man genaue Informationen, die durch treffende Adjektive und Fachbegriffe gegeben werden. Die Angaben betreffen das Aussehen, das Material, die Form und die Verwendung des zu beschreibenden Gegenstandes.

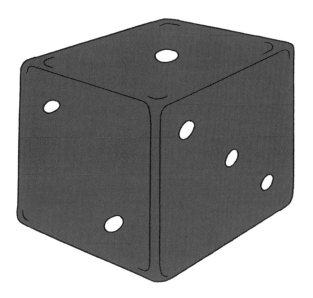

Aufgabe: Verwende die angegebenen Wörter für die Lücken im Text.

Punkte, weiß, Kantenlänge, Gesellschaftsspiele, Summe, quadratisch, hoch, Anzahl, Seiten, gegenüber, schwarz, Hartplastik

Es handelt sich bei einem Würfel um einen *quadratischen* Gegenstand, dessen *Kantenlängen* immer genau gleich sind. Er ist etwa einen Zentimeter hoch und hat sechs *Seiten*. Auf jeder der Seiten sind *Punkte* zu erkennen, allerdings jeweils in einer anderen *Anzahl* zwischen eins uns sechs. Jedoch ergibt die *Summe* der Punkte auf den *gegenüber* liegenden Seiten immer sieben. In der Regel sind die Seiten *weiß* und die Punkte *schwarz*. Der Würfel ist aus *Hartplastik*. Man benötigt bei vielen *Gesellschaftsspielen* einen Würfel.

Beschreibung eines Zirkels

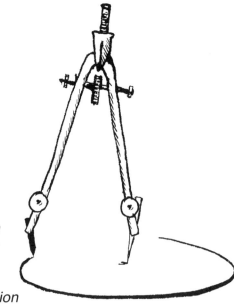

Aufgabe: In deinem Schulranzen befindet sich für den Mathematikunterricht ein Zirkel. Hast du ihn dir schon einmal genau angesehen? Hol ihn heraus und beschreibe ihn möglichst genau. Du musst dabei vor allem auf Form, Größe, Material, Farbe und die Funktion deines Zirkels eingehen.

Aufgabe: Legt nun alle Zirkel in ihren Schutzhüllen auf einen Tisch. Lest eure Beschreibungen vor und lasst die Mitschüler raten, welches der beschriebene Zirkel ist.

Kathrin Mayer: Aufsatz- und Schreibformen · 5. Klasse · Best.-Nr. 536
© Brigg Pädagogik Verlag GmbH, Augsburg

Beschreibung eines Zirkels

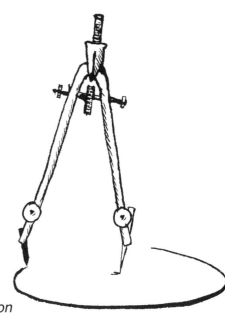

 Aufgabe: In deinem Schulranzen befindet sich für den Mathematikunterricht ein Zirkel. Hast du ihn dir schon einmal genau angesehen? Hol ihn heraus und beschreibe ihn möglichst genau. Du musst dabei vor allem auf Form, Größe, Material, Farbe und die Funktion deines Zirkels eingehen.

Beschreibung eines Zirkels

Mein Zirkel befindet sich in einer blauen Plastikdose mit einem durchsichtigen Deckel. Innen liegt der Zirkel auf dunklem Stoff. Er hat zwei gleichlange Schenkel aus blankem Metall, die oben zusammenlaufen. Ganz oben sitzt ein etwa ein Zentimeter langer runder Aufsatz aus blauem Plastik, an dem man den Zirkel festhalten kann, wenn man einen Kreis beschreibt. Auf etwa einem Drittel der Höhe verläuft durch beide Schenkel eine dünne Metallstange, die gefräst ist wie eine Schraube. Genau in der Mitte der Stange, zwischen den beiden Schenkeln, sitzt ein Rädchen. Mithilfe dieser Stange und des Rädchens kann man den Zirkel verstellen. Nach zwei Dritteln der Höhe ist auf jedem Schenkel ein weiteres Rad befestigt, so dass man das letzte Drittel jedes Schenkels einzeln noch einmal nach innen verstellen kann. Ganz unten kann man an der Außenseite beider Schenkel ein letztes Rädchen entdecken. Beim linken Schenkel kann man durch Auf- und Zuschrauben die Bleistiftmine in den Schaft einlegen. Am rechten Schenkel sitzt ganz unten die Metallspitze, die dem Zirkel seinen sicheren Stand beim Drehen verleiht. Zwischen den beiden Spitzen der Schenkel liegt noch die kleine, runde, durchsichtige Plastikdose, in der die Ersatzminen aufbewahrt werden.

 Aufgabe: Legt nun alle Zirkel in ihren Schutzhüllen auf einen Tisch. Lest eure Beschreibungen vor und lasst die Mitschüler raten, welches der beschriebene Zirkel ist.

Kathrin Mayer: Aufsatz- und Schreibformen · 5. Klasse · Best.-Nr. 536
© Brigg Pädagogik Verlag GmbH, Augsburg

Beschreibung eines Fahrrads

Dein Freund Tobi ist gestern auf der nassen Fahrbahn mit seinem Fahrrad schwer gestürzt. Zum Glück hatte er seinen Helm auf, so dass ihm nicht so viel passiert ist. Jetzt liegt er mit Kopfschmerzen und blauen Flecken im Bett und möchte von dir wissen, wie sein Fahrrad nach dem Sturz aussieht.

Aufgabe: Beschreibe ihm den Zustand seines Fahrrades.

_____

_____

_____

_____

_____

_____

_____

_____

_____

_____

_____

Kathrin Mayer: Aufsatz- und Schreibformen · 5. Klasse · Best.-Nr. 536
© Brigg Pädagogik Verlag GmbH, Augsburg

Beschreibung eines Fahrrads

Dein Freund Tobi ist gestern auf der nassen Fahrbahn mit seinem Fahrrad schwer gestürzt. Zum Glück hatte er seinen Helm auf, so dass ihm nicht so viel passiert ist. Jetzt liegt er mit Kopfschmerzen und blauen Flecken im Bett und möchte von dir wissen, wie sein Fahrrad nach dem Sturz aussieht.

 Aufgabe: Beschreibe ihm den Zustand seines Fahrrades.

Beschreibung eines Fahrrades

Dein Fahrrad hat bei dem Unfall einige Schäden erlitten. Der Rahmen scheint noch ganz in Ordnung zu sein. Auf den ersten Blick lässt sich hier nichts feststellen. Aber der Sattel des Fahrrades fehlt. Durch den Sturz ist der Lenker nach hinten gebogen worden, aber immerhin ist die Lampe vorne noch funktionstüchtig. Im Vorderrad sind einige Speichen gebrochen, so dass du wohl ein neues Vorderrad brauchen wirst. Die Kette ist auch herausgesprungen. Beim Hinterrad kann man keine Defekte erkennen. Allerdings ist das Rücklicht abgerissen und muss dringend ersetzt werden.

Kathrin Mayer: Aufsatz- und Schreibformen · 5. Klasse · Best.-Nr. 536
© Brigg Pädagogik Verlag GmbH, Augsburg

 Aufgabe: Ein Tier lässt sich durch treffende Adjektive beschreiben. Wähle aus den vorgegebenen Adjektiven diejenigen aus, die in die Lücken des Textes passen.

Vorgabe: flache, groß, kleines, offenen, dick, dünn, spitz, langen, rund, flauschiges, gefährlichen, flink, graugelbe, dunkelbraune, himmelblaue, zitronengelbe, frisch, behaart, tief, offene, ruhig, schnell, verlängerten, leisen, lauten

Bei dem abgebildeten Tier handelt es sich um ein _____

Tier, das in unseren Feldern und Wäldern lebt. Es kann mit seinen

stark _____ Hinterbeinen _____ rennen und

_____ Haken schlagen, um sich vor _____

Feinden in Sicherheit zu bringen. Der Hase besitzt ein _____

Fell, das eine _____ bis _____ Farbe hat. Mit

seinen _____ Ohren, die Löffel genannt werden, kann der

Hase auch die _____ Geräusche hören. Die Häsin wirft zwei-

mal im Jahr Junge in eine _____ Mulde. Die Neugeborenen

sind _____ und haben _____ Augen. Bei Gefahr

duckt sich der Feldhase _____ in eine Grube, verhält sich

_____ und beobachtet _____. Dies wurde früher

als Schlafen mit _____ Augen gedeutet.

Kathrin Mayer: Aufsatz- und Schreibformen · 5. Klasse · Best.-Nr. 536
© Brigg Pädagogik Verlag GmbH, Augsburg

Aufgabe: Ein Tier lässt sich durch treffende Adjektive beschreiben. Wähle aus den vorge-gebenen Adjektiven diejenigen aus, die in die Lücken des Textes passen.

Vorgabe: flache, groß, kleines, offenen, dick, dünn, spitz, langen, rund, flauschiges, gefährlichen, flink, graugelbe, dunkelbraune, himmelblaue, zitronengelbe, frisch, behaart, tief, offene, ruhig, schnell, verlängerten, leisen, lauten

Bei dem abgebildeten Tier handelt es sich um ein *kleines* Tier, das in unseren Feldern und Wäldern lebt. Es kann mit seinen stark *verlänger-ten* Hinterbeinen *schnell* rennen und *flink* Haken schlagen, um sich vor *gefährlichen* Feinden in Sicherheit zu bringen. Der Hase besitzt ein *flau-schiges* Fell, das eine *graugelbe* bis *dunkelbraune* Farbe hat. Mit seinen *langen* Ohren, die Löffel genannt werden, kann der Hase auch die *leisen* Geräusche hören. Die Häsin wirft zweimal im Jahr Junge in eine *flache* Mulde. Die Neugeborenen sind *behaart* und haben *offene* Augen. Bei Gefahr duckt sich der Feldhase *tief* in eine Grube, verhält sich *ruhig* und beobachtet *scharf*. Dies wurde früher als Schlafen mit *offenen* Augen gedeutet.

Kathrin Mayer: Aufsatz- und Schreibformen · 5. Klasse · Best.-Nr. 536
© Brigg Pädagogik Verlag GmbH, Augsburg

Aufgabe: Ein solches Fantasietier hat noch niemand gesehen. Beschreibe es möglichst genau, verwende dazu auch die angegebenen Formulierungshilfen und überlege dir selber noch treffende Adjektive, die das Tier gut beschreiben.

Das Tier zeichnet sich aus durch …; Das Tier besitzt …;

Der Kopf ähnelt …; Besonders interessant ist die Zunge, die …;

Der Körper hat eine runde/kugelige/flache/spitze/quadratische Form …;

Das Fell/die Haut ist ledern/flauischig/struppig/glatt …;

Hinten hat das Tier einen langen/kurzen/behaarten/gelockten/geringelten Schwanz …;

Die langen/kurzen/krummen/geraden Beine erinnern an …

Der Zoo von Honolulu präsentiert seinen Besuchern eine Weltsensation: ein unbekanntes Tier von merkwürdigem Aussehen …

_____

_____

_____

_____

_____

_____

_____

_____

Kathrin Mayer: Aufsatz- und Schreibformen · 5. Klasse · Best.-Nr. 536
© Brigg Pädagogik Verlag GmbH, Augsburg

 Aufgabe: Ein solches Fantasietier hat noch niemand gesehen. Beschreibe es möglichst genau, verwende dazu auch die angegebenen Formulierungshilfen und überlege dir selber noch treffende Adjektive, die das Tier gut beschreiben.

Das Tier zeichnet sich aus durch …; Das Tier besitzt …;
Der Kopf ähnelt …; Besonders interessant ist die Zunge, die …;
Der Körper hat eine runde/kugelige/flache/spitze/quadratische Form …;
Das Fell/die Haut ist ledern/flauischig/struppig/glatt …;
Hinten hat das Tier einen langen/kurzen/behaarten/gelockten/geringelten Schwanz …;
Die langen/kurzen/krummen/geraden Beine erinnern an …

Der Zoo von Honolulu präsentiert seinen Besuchern eine Weltsensation: ein unbekanntes Tier von merkwürdigem Aussehen. ***Der Kopf ähnelt dem einer Schlange. Besonders interessant ist die Zunge, die an der Spitze gespalten ist. Das Tier besitzt einen langen, wie eine Ziehharmonika gefalteten Hals. Der Körper hat eine kugelige Form und das gestreifte Fell ist ganz struppig. Hinten hat das Tier einen kurzen, geringelten Schwanz wie ein Schwein. Schließlich erinnern die kurzen, dicken Beine an einen Elefanten.***

Kathrin Mayer: Aufsatz- und Schreibformen · 5. Klasse · Best.-Nr. 536
© Brigg Pädagogik Verlag GmbH, Augsburg

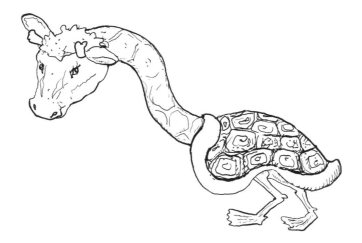

 Aufgabe: Beschreibe das Tier möglichst genau in allen Einzelheiten, ohne dabei den Namen des Tieres zu verwenden, damit dein Partner die richtigen Teile heraussuchen und das Fantasietier zusammenkleben kann. Verwende dazu viele treffende Adjektive.

Adjektive: buschig, hart, lang, gebogen, glatt, prächtig, gestreift, getupft, kariert, gefleckt, schuppig, groß, spitz, flauschig, buschig, platt, gelockt, farbig, rund, halbrund, runzlig, dünn, gespreizt

_____

_____

_____

_____

_____

_____

_____

_____

_____

_____

_____

_____

Kathrin Mayer: Aufsatz- und Schreibformen · 5. Klasse · Best.-Nr. 536
© Brigg Pädagogik Verlag GmbH, Augsburg

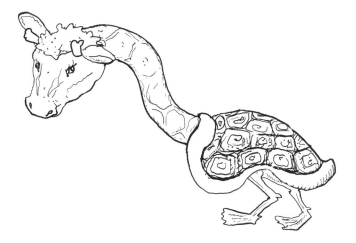

 Aufgabe: Beschreibe das Tier möglichst genau in allen Einzelheiten, ohne dabei den Namen des Tieres zu verwenden, damit dein Partner die richtigen Teile heraussuchen und das Fantasietier zusammenkleben kann. Verwende dazu viele treffende Adjektive.

Adjektive: buschig, hart, lang, gebogen, glatt, prächtig, gestreift, getupft, kariert, gefleckt, schuppig, groß, spitz, flauschig, buschig, platt, gelockt, farbig, rund, halbrund, runzlig, dünn, gespreizt

Der Kopf des Tieres ist rund und mit zwei Hörnern und zwei Ohren ausgestattet. An den Kopf schließt ein langer, gefleckter Hals an. Der lange Hals endet an einem halbrunden Panzer. Unter dem Panzer schauen zwei dünne, runzlige Füße mit Schwimmhäuten hervor.

Aufgabe: Beschreibe das Tier möglichst genau in allen Einzelheiten, damit dein Partner die richtigen Teile heraussuchen kann und das Fantasietier zusammenkleben kann. Verwende dazu viele treffende Adjektive.

Adjektive: buschig, hart, lang, gebogen, glatt, prächtig, gestreift, getupft, kariert, gefleckt, schuppig, groß, spitz, flauschig, buschig, platt, gelockt, farbig, rund, halbrund, runzlig, dünn, gespreizt

_____

_____

_____

_____

_____

_____

_____

_____

_____

_____

_____

_____

_____

_____

Kathrin Mayer: Aufsatz- und Schreibformen · 5. Klasse · Best.-Nr. 536
© Brigg Pädagogik Verlag GmbH, Augsburg

 Aufgabe: Beschreibe das Tier möglichst genau in allen Einzelheiten, damit dein Partner die richtigen Teile heraussuchen kann und das Fantasietier zusammenkleben kann. Verwende dazu viele treffende Adjektive.

Adjektive: buschig, hart, lang, gebogen, glatt, prächtig, gestreift, getupft, kariert, gefleckt, schuppig, groß, spitz, flauschig, buschig, platt, gelockt, farbig, rund, halbrund, runzlig, dünn, gespreizt

Am Kopf fällt der lange, runzlige Rüssel auf, der in einem runden Gesicht sitzt, das von wilden Locken umrahmt ist. Große, dunkle Augen schauen aus dem Gesicht hervor. Das Fell am Körper ist unregelmäßig gestreift. Dort, wo man einen langen Schwanz erwarten würde, sitzt ein prächtiges Rad mit großen Federn. Unter dem Körper entdeckt man ein Paar dünne Beine mit vier gespreizten Zehen.

Batterien wechseln

Viele technische Geräte arbeiten mit Strom aus Batterien. Da sich diese Batterien mit der Zeit verbrauchen, müssen sie öfters gewechselt werden. Vervollständige die Anleitung zum Auswechseln der Batterien bei einer Digitalkamera. Eine Anleitung wendet sich meist an einen unbekannten Leser. Verwende daher bei den Verben die unpersönliche Formulierung. Zudem kommt es bei einer Handlungsanleitung auf die richtige Abfolge der Handlungen an.

Aufgabe: Ergänze die passenden Verben. Bringe dann auch die Sätze in die korrekte Reihenfolge.

(1) _____ alle Batterien mit der richtigen Seite in der Kamera, kann der Deckel durch Zurückschieben und leichtes Andrücken geschlossen werden. (liegen)

(2) Nun _____ man die verbrauchten Batterien aus dem Gerät und _____ sie zur Entsorgung _____. (entfernen, weglegen)

(3) Zum Schluss _____ man durch das Einschalten des Gerätes, ob die Kamera nun funktioniert. (kontrollieren)

(4) Dabei _____ darauf geachtet werden, dass die Pole der Batterie richtig ausgerichtet sind. (müssen)

(5) Zunächst _____ man das Batteriefach der Kamera, indem man sanft den Deckel nach vorne _____. (öffnen, ziehen)

(6) An dem Plus- oder Minuszeichen im Gehäuse _____ man erkennen, in welche Richtung die Batterien einzulegen sind. (können)

(7) Dann _____ man vier neue Batterien und _____ damit, sie in das Batteriefach einzulegen. (nehmen, beginnen)

Kathrin Mayer: Aufsatz- und Schreibformen · 5. Klasse · Best.-Nr. 536
© Brigg Pädagogik Verlag GmbH, Augsburg

Batterien wechseln

Viele technische Geräte arbeiten mit Strom aus Batterien. Da sich diese Batterien mit der Zeit verbrauchen, müssen sie öfters gewechselt werden. Vervollständige die Anleitung zum Auswechseln der Batterien bei einer Digitalkamera. Eine Anleitung wendet sich meist an einen unbekannten Leser. Verwende daher bei den Verben die unpersönliche Formulierung. Zudem kommt es bei einer Handlungsanleitung auf die richtige Abfolge der Handlungen an.

Aufgabe: Ergänze die passenden Verben. Bringe dann auch die Sätze in die korrekte Reihenfolge.

(5) Zunächst **öffnet** man das Batteriefach der Kamera, indem man sanft den Deckel nach vorne **zieht**.

(2) Nun **entfernt** man die verbrauchten Batterien aus dem Gerät und **legt** sie zur Entsorgung **weg**.

(7) Dann **nimmt** man vier neue Batterien und **beginnt** damit, sie in das Batteriefach einzulegen.

(4) Dabei **muss** darauf geachtet werden, dass die Pole der Batterie richtig ausgerichtet sind.

(6) An dem Plus- oder Minuszeichen im Gehäuse **kann** man erkennen, in welche Richtung die Batterien einzulegen sind.

(1) **Liegen** alle Batterien mit der richtigen Seite in der Kamera, kann der Deckel durch Zurückschieben und leichtes Andrücken geschlossen werden.

(3) Zum Schluss **kontrolliert** man durch das Einschalten des Gerätes, ob die Kamera nun funktioniert.

Kathrin Mayer: Aufsatz- und Schreibformen · 5. Klasse · Best.-Nr. 536
© Brigg Pädagogik Verlag GmbH, Augsburg

Einen Kakao kochen

Draußen war es heute sehr kalt und Timo kommt durchgefroren vom Fußball-spielen nach Hause. Zum Aufwärmen möchte er einen heißen Kakao trinken. Allerdings weiß er nicht, wie man sich einen Kakao kocht.

 Aufgabe: Beschreibe ihm, wie man mit den oben gezeigten Gegenständen einen heißen Kakao herstellen kann. Verwende auch die folgenden Anschlusswörter bei deiner Beschreibung: zuerst, dann, zuvor, während, nun, jetzt, bevor, zum Schluss.

Zuerst misst du mit dem Messbecher 250 ml Milch ab ...

_____

_____

_____

_____

_____

_____

_____

_____

_____

_____

Kathrin Mayer: Aufsatz- und Schreibformen · 5. Klasse · Best.-Nr. 536
© Brigg Pädagogik Verlag GmbH, Augsburg

Einen Kakao kochen

Draußen war es heute sehr kalt und Timo kommt durchgefroren vom Fußball-spielen nach Hause. Zum Aufwärmen möchte er einen heißen Kakao trinken. Allerdings weiß er nicht, wie man sich einen Kakao kocht.

Aufgabe: Beschreibe ihm, wie man mit den oben gezeigten Gegenständen einen heißen Kakao herstellen kann. Verwende auch die folgenden Anschlusswörter bei deiner Beschreibung: zuerst, dann, zuvor, während, nun, jetzt, bevor, zum Schluss.

Zuerst misst du mit dem Messbecher 250 ml Milch ab. **Dann schüttest du die Milch in den Topf. Den Topf stellst du auf den Herd, den du dann auf eine mittlere Temperatur einschaltest. Während die Milch warm wird, holst du die Tasse und löffelst zwei Teelöffel voll Kakaopulver hinein. Jetzt musst du aufpassen, dass die Milch nicht überkocht. Wenn die ersten Blasen aufsteigen, kannst du die Milch in die Tasse füllen. Mit dem Löffel rührst du nun den Kakao um. Bevor du ihn trinken kannst, musst du ihn noch süßen. Dazu nimmst du nach Belieben Zucker aus der Dose und rührst ihn in den Kakao. Zum Schluss musst du noch kräftig pusten, damit du dir nicht die Zunge verbrennst.**

Kathrin Mayer: Aufsatz- und Schreibformen · 5. Klasse · Best.-Nr. 536
© Brigg Pädagogik Verlag GmbH, Augsburg

Einen Hund basteln

Benötigt werden: für jeden Partner ein DIN-A4-Papier, eine Schere, Klebstoff, schwarzer Stift

 Aufgabe: Du sollst mit deinem Partner zusammen einen Hund aus Papier basteln. Dabei gibt es jedoch eine kleine Schwierigkeit. Jeder von euch erhält nur die Bastelanleitung des Partners als Bilderfolge. Du musst also deinem Partner möglichst genau beschreiben, was er machen muss, damit er seinen Teil der Aufgabe richtig erledigen kann. Umgekehrt musst du dich genau an die Bastelanweisung deines Partners halten, um deinen Teil des Hundes richtig hinzukriegen.
Viel Spaß!

Partner 1 Bastelanleitung für den Kopf

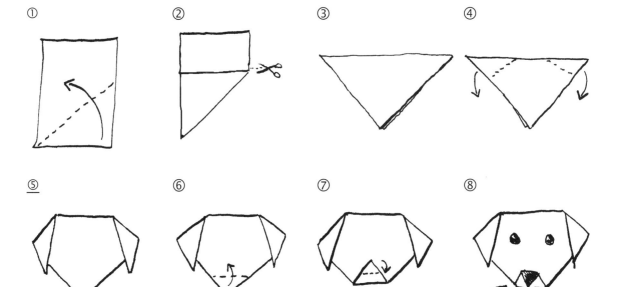

Kathrin Mayer: Aufsatz- und Schreibformen · 5. Klasse · Best.-Nr. 536
© Brigg Pädagogik Verlag GmbH, Augsburg

Einen Hund basteln

Benötigt werden: für jeden Partner ein DIN-A4-Papier, eine Schere, Klebstoff, schwarzer Stift

Aufgabe: Du sollst mit deinem Partner zusammen einen Hund aus Papier basteln. Dabei gibt es jedoch eine kleine Schwierigkeit. Jeder von euch erhält nur die Bastelanleitung des Partners als Bilderfolge. Du musst also deinem Partner möglichst genau beschreiben, was er machen muss, damit er seinen Teil der Aufgabe richtig erledigen kann. Umgekehrt musst du dich genau an die Bastelanweisung deines Partners halten, um deinen Teil des Hundes richtig hinzukriegen.
Viel Spaß!

Partner 1 Bastelanleitung für den Kopf

1. *Falte die rechte untere Ecke des Papiers bis sie auf der linken Seitenkante aufliegt.*
2. *Schneide mit der Schere das überstehende Papier ab. So erhältst du ein Quadrat.*
3. *Nimm die untere Ecke des Quadrats und falte sie auf die obere Ecke des Quadrats. Falte das Quadrat an der Mittellinie zum Dreieck.*
4. *Falte nun die seitlichen Spitzen des Dreiecks nach unten. So erhält der Hund seine Ohren.*
5. *Falte die obere Spitze nach unten.*
6. *Knicke die Hälfte der Spitze wieder nach unten. Das ist die Schnauze des Hundes.*
7. *Male dem Hund die Augen auf und die Schnauze schwarz an.*

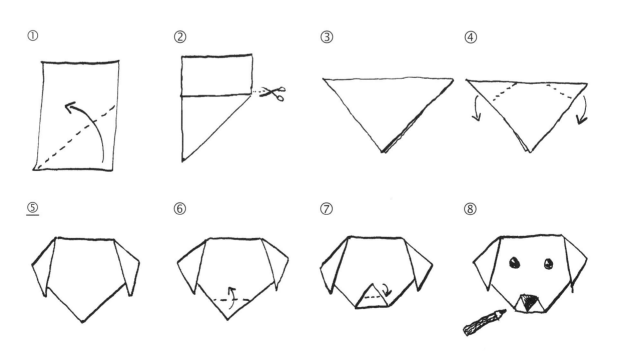

Kathrin Mayer: Aufsatz- und Schreibformen · 5. Klasse · Best.-Nr. 536
© Brigg Pädagogik Verlag GmbH, Augsburg

Einen Hund basteln

Benötigt werden: für jeden Partner ein DIN-A4-Papier, eine Schere, Klebstoff, schwarzer Stift

Aufgabe: Du sollst mit deinem Partner zusammen einen Hund aus Papier basteln. Dabei gibt es jedoch eine kleine Schwierigkeit. Jeder von euch erhält nur die Bastelanleitung des Partners als Bilderfolge. Du musst also deinem Partner möglichst genau beschreiben, was er machen muss, damit er seinen Teil der Aufgabe richtig erledigen kann. Umgekehrt musst du dich genau an die Bastelanweisung deines Partners halten, um deinen Teil des Hundes richtig hinzukriegen.
Viel Spaß!

Partner 2 Bastelanleitung für den Körper

① 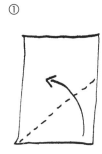 ② 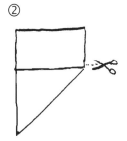 ③ 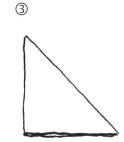 ④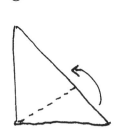

⑤  ⑥ 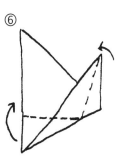 ⑦  ⑧

Kathrin Mayer: Aufsatz- und Schreibformen · 5. Klasse · Best.-Nr. 536
© Brigg Pädagogik Verlag GmbH, Augsburg

Einen Hund basteln

Benötigt werden: für jeden Partner ein DIN-A4-Papier, eine Schere, Klebstoff, schwarzer Stift

Aufgabe: Du sollst mit deinem Partner zusammen einen Hund aus Papier basteln. Dabei gibt es jedoch eine kleine Schwierigkeit. Jeder von euch erhält nur die Bastelanleitung des Partners als Bilderfolge. Du musst also deinem Partner möglichst genau beschreiben, was er machen muss, damit er seinen Teil der Aufgabe richtig erledigen kann. Umgekehrt musst du dich genau an die Bastelanweisung deines Partners halten, um deinen Teil des Hundes richtig hinzukriegen.
Viel Spaß!

Partner 2 Bastelanleitung für den Körper

1. *Falte die rechte untere Ecke des Papiers bis sie auf der linken Seitenkante aufliegt.*
2. *Schneide mit der Schere das überstehende Papier ab. So erhältst du ein Quadrat.*
3. *Nimm die untere Ecke des Quadrats und falte sie auf die obere Ecke des Quadrats./Falte das Quadrat an der Mittellinie zum Dreieck.*
4. *Drehe das Dreieck um 90 Grad im Uhrzeigersinn und falte die untere Spitze nach oben.*
5. *Falte die untere Kante leicht schräg nach oben.*
6. *Drehe das Dreieck um und wiederhole Schritt 5.*
7. *Öffne das Dreieck leicht.*
8. *Klebe den Kopf am Körper fest.*

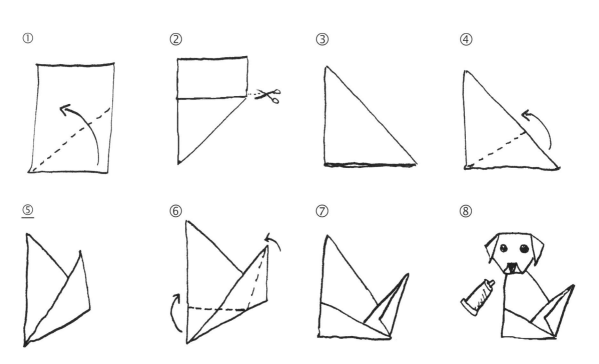

Kathrin Mayer: Aufsatz- und Schreibformen · 5. Klasse · Best.-Nr. 536
© Brigg Pädagogik Verlag GmbH, Augsburg

Telefon

Aufgabe: An dem Telefon fehlen die richtigen Bezeichnungen der einzelnen Elemente. Suche aus dem Wortspeicher die passenden heraus und trage sie an der richtigen Stelle ein.

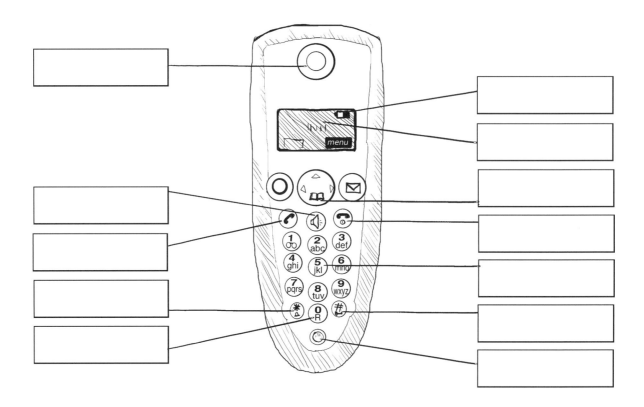

Mikrofon, Abheben-Taste, Display, R-Taste, Auflegen-Taste, Raute-Taste, Telefonbuch, Zifferntasten

---

Kathrin Mayer: Aufsatz- und Schreibformen · 5. Klasse · Best.-Nr. 536
© Brigg Pädagogik Verlag GmbH, Augsburg

Telefon

 Aufgabe: An dem Telefon fehlen die richtigen Bezeichnungen der einzelnen Elemente. Suche aus dem Wortspeicher die passenden heraus und trage sie an der richtigen Stelle ein.

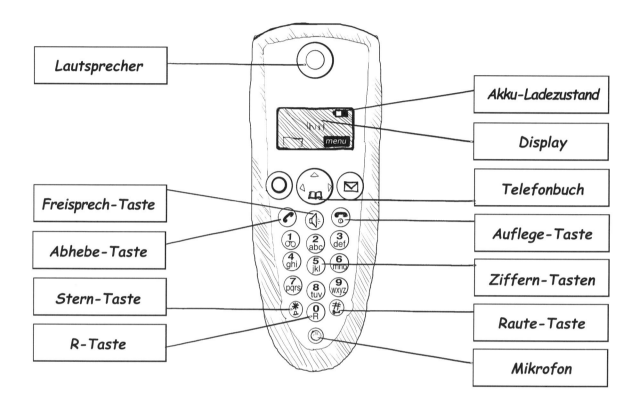

Mikrofon, Abheben-Taste, Display, R-Taste, Auflegen-Taste, Raute-Taste, Telefonbuch, Zifferntasten

Kathrin Mayer: Aufsatz- und Schreibformen · 5. Klasse · Best.-Nr. 536
© Brigg Pädagogik Verlag GmbH, Augsburg

Aus dem Telefonhandbuch

Bei dem Telefon kann man die gewünschte Lautstärke einstellen. Der Hersteller hat dafür im Handbuch eine Folge von notwendigen Tastengriffen abgebildet. Leider sieht deine Oma nicht mehr so gut. Sie bittet dich daher, ihr den Vorgang zu beschreiben.

Aufgabe: Beschreibe deiner Oma, was sie tun muss, um die Lautstärke zu verändern.

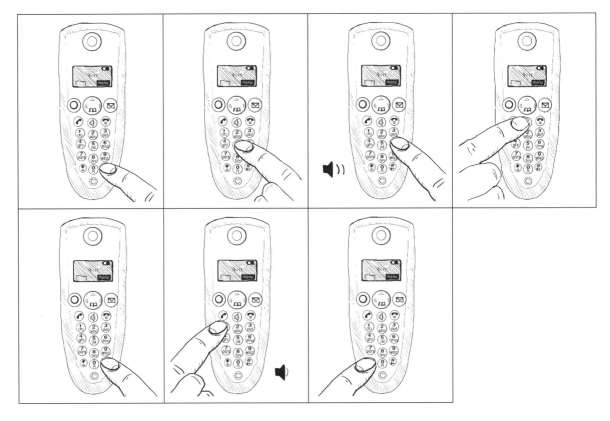

_____

_____

_____

_____

_____

_____

Kathrin Mayer: Aufsatz- und Schreibformen · 5. Klasse · Best.-Nr. 536
© Brigg Pädagogik Verlag GmbH, Augsburg

Aus dem Telefonhandbuch

Bei dem Telefon kann man die gewünschte Lautstärke einstellen. Der Hersteller hat dafür im Handbuch eine Folge von notwendigen Tastengriffen abgebildet. Leider sieht deine Oma nicht mehr so gut. Sie bittet dich daher, ihr den Vorgang zu beschreiben.

Aufgabe: Beschreibe deiner Oma, was sie tun muss, um die Lautstärke zu verändern.

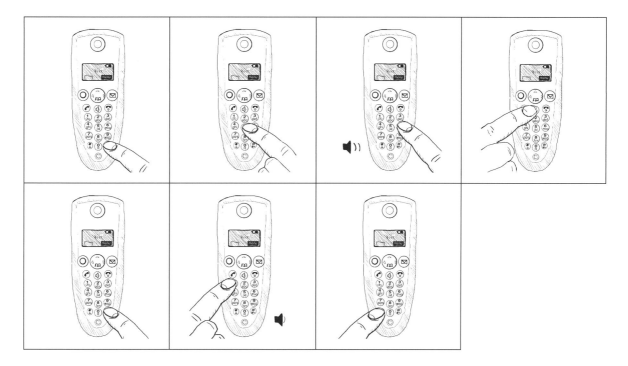

Zunächst musst du _____ drücken.

Dann musst du _____ drücken.

Danach drückst _____ .

Nun _____ betätigen.

Jetzt wählst du die gewünschte Lautstärke mithilfe _____ aus. 1

_____ leise, 6 _____ sehr laut.

Daraufhin musst du zur Bestätigung _____ drücken.

Mit der _____ beendest du den Vorgang.

Kathrin Mayer: Aufsatz- und Schreibformen · 5. Klasse · Best.-Nr. 536
© Brigg Pädagogik Verlag GmbH, Augsburg

Aus dem Telefonhandbuch

Bei dem Telefon kann man die gewünschte Lautstärke einstellen. Der Hersteller hat dafür im Handbuch eine Folge von notwendigen Tastengriffen abgebildet. Leider sieht deine Oma nicht mehr so gut. Sie bittet dich daher, ihr den Vorgang zu beschreiben.

Aufgabe: Beschreibe deiner Oma, was sie tun muss, um die Lautstärke zu verändern.

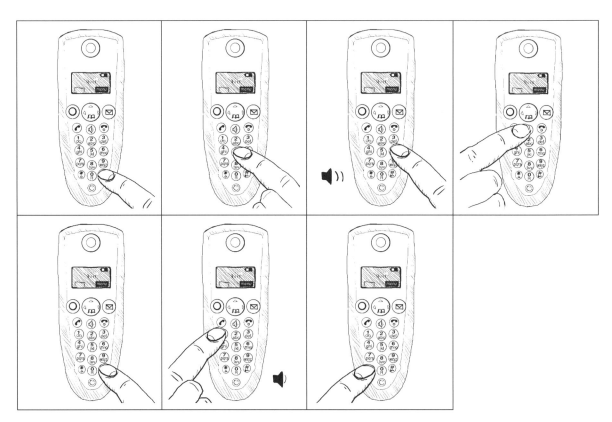

Zunächst musst du die Raute-Taste drücken.
Dann musst du die Freisprech-Taste drücken.
Danach drückst du die Stern-Taste.
Nun musst du die Zifferntaste 5 betätigen.
Jetzt wählst du die gewünschte Lautstärke mithilfe der Zifferntasten aus.
1 bedeutet leise, 6 bedeutet sehr laut.
Daraufhin musst du zur Bestätigung die Freisprech-Taste drücken.
Mit der Raute-Taste beendest du den Vorgang.

Kathrin Mayer: Aufsatz- und Schreibformen · 5. Klasse · Best.-Nr. 536
© Brigg Pädagogik Verlag GmbH, Augsburg

Aus dem Urwald ins kalte Deutschland

Jeden Morgen dasselbe: wir müssen uns anziehen. Doch für Tonka aus dem Urwald Mikronesiens ist das neu. Dort ist es so warm, dass sich niemand etwas anzieht. Nun ist Tonka aber in Deutschland zu Besuch. Er will von dir wissen, wie das geht mit dem Anziehen.

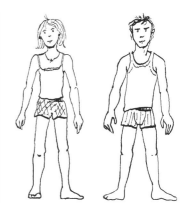

Aufgabe: Such dir aus den abgebildeten Kleidungstücken etwas heraus und beschreibe genau, was du tun musst beim Anziehen.

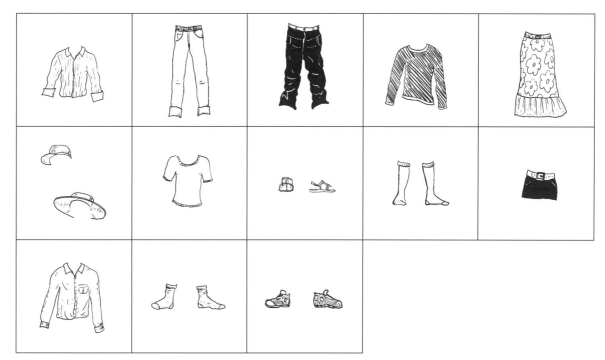

Nachdem ich mir Unterhose und Unterhemd angezogen habe, nehme ich …

_____

_____

_____

_____

_____

_____

_____

_____

Aus dem Urwald ins kalte Deutschland

Jeden Morgen dasselbe: wir müssen uns anziehen. Doch für Tonka aus dem Urwald Mikronesiens ist das neu. Dort ist es so warm, dass sich niemand etwas anzieht. Nun ist Tonka aber in Deutschland zu Besuch. Er will von dir wissen, wie das geht mit dem Anziehen.

 Aufgabe: Such dir aus den abgebildeten Kleidungstücken etwas heraus und beschreibe genau, was du tun musst beim Anziehen.

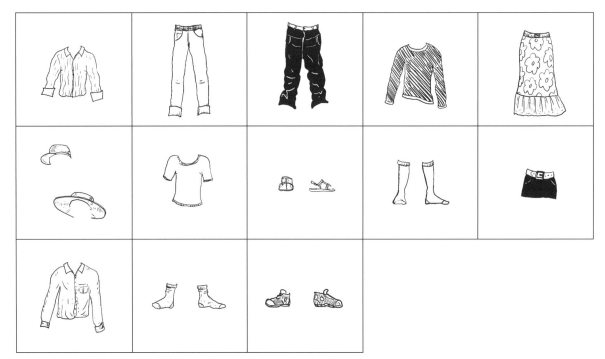

Hinweis: Tonka sind die Bezeichnungen der Kleidungsstücke natürlich vertraut, ebenso spricht er perfekt die deutsche Sprache!

Nachdem ich mir Unterhose und Unterhemd angezogen habe, nehme ich *die Socken und raffe erst den rechten Socken etwas, damit ich mit dem Fuß hineinrutschen kann. Dann wiederhole ich den Vorgang beim linken Fuß. Nun suche ich mir die Jeansho-se. Ich knöpfe den Knopf auf und ziehe den Reißverschluss hinunter. Ich hebe das rechte Bein und schlüpfe in das rechte Hosenbein. Darauf hebe ich das linke Bein und schlüpfe in das linke Hosenbein. Im Anschluss ziehe ich den Bund der Hose über meinen Hintern, schließe den Knopf und ziehe den Reißverschluss nach oben. Jetzt ist das Hemd an der Reihe. Die Ärmel streife ich mir über die Arme. Nun muss ich von oben nach unten die Knöpfe durch das Knopfloch schieben. Den obersten Knopf lasse ich offen, damit ich noch genügend Luft bekomme. Zum Schluss setze ich mir die Kappe auf – mit dem Schirm nach hinten. Fertig!*

Kathrin Mayer: Aufsatz- und Schreibformen · 5. Klasse · Best.-Nr. 536
© Brigg Pädagogik Verlag GmbH, Augsburg

Aufbau eines Regals

Helena hat sich für ihr neues Zimmer ein Regal aus dem Baumarkt gekauft.
Allerdings muss sie das Möbel erst noch zusammenbauen.
Der Hersteller hat nur eine Zeichnung zum Aufbau mitgeliefert.

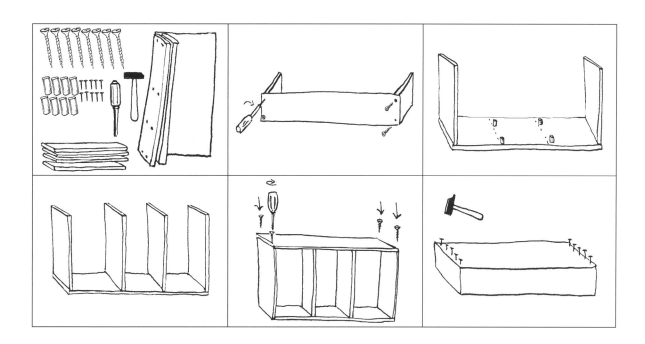

Man braucht:

_____

_____

_____

_____

Aufgabe: Schreibe eine Anleitung für den Aufbau des Regals:

Anleitung:

Zuerst_____

_____

_____

_____

Aufbau eines Regals

Helena hat sich für ihr neues Zimmer ein Regal aus dem Baumarkt gekauft.
Allerdings muss sie das Möbel erst noch zusammenbauen.
Der Hersteller hat nur eine Zeichnung zum Aufbau mitgeliefert.

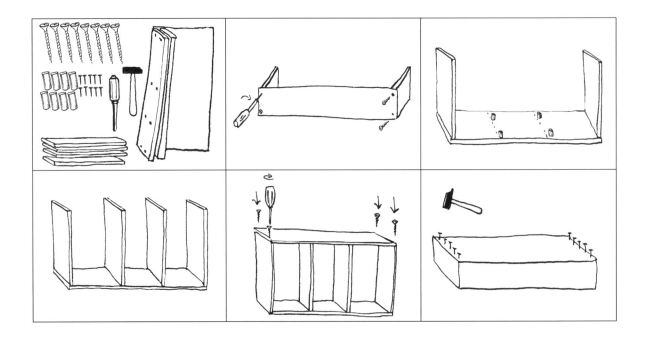

Man braucht:

8 lange Schrauben, 8 Holzstifte, 10 kleine Nägel, 4 gleichlange Regalbretter,
2 Seitenwände, 1 Rückwand, 1 Schraubenzieher, 1 Hammer

Aufgabe: Schreibe eine Anleitung für den Aufbau des Regals:

Anleitung:

Zuerst *legt man eine Seitenwand auf den Boden. Dann schraubt man mit jeweils zwei Schrauben das oberste und das unterste Regalbrett an die liegende Seitenwand an. Dann nimmt man die übrigen zwei Regalbretter und steckt in die Vorbohrungen die Holzstifte hinein. Die Regalbretter steckt man mit den Holzstiften auf der liegenden Seitenwand fest. Nun schraubt man mithilfe der letzten vier Schrauben die zweite Seitenwand obendrauf fest. Zum Schluss muss man nur noch die Rückwand befestigen. Dazu nimmt man den Hammer und fünf Nägel, um die Rückwand oben an der Hinterseite des obersten Regalbrettes festzunageln. Die letzten fünf Nägel schlägt man dann unten an das unterste Regalbrett.*

Kathrin Mayer: Aufsatz- und Schreibformen · 5. Klasse · Best.-Nr. 536
© Brigg Pädagogik Verlag GmbH, Augsburg

E. Berichten

Ein Unfall

In einem Bericht kommt es darauf an, möglichst knapp und deutlich zu berichten, was passiert ist. Du darfst dich nur an Tatsachen halten. Daher musst du auf folgende Fragen eine Antwort geben: Was? Wer? Wie? Wann? Warum? Mit welchen Folgen?
In schriftlichen Berichten verwendet man meist das Präteritum.

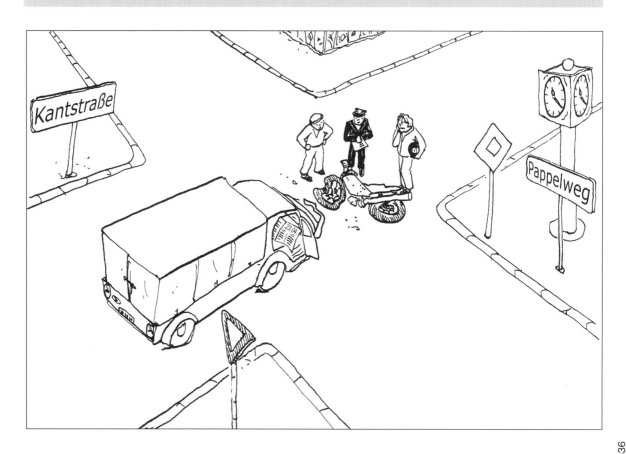

Als Polizist musst du nun zu Protokoll geben, was an der Kreuzung passiert ist.

Aufgabe: Schreibe nach obiger Zeichnung einen Polizeibericht.

Kathrin Mayer: Aufsatz- und Schreibformen · 5. Klasse · Best.-Nr. 536
© Brigg Pädagogik Verlag GmbH, Augsburg

Ein Unfall

> *In einem Bericht kommt es darauf an, möglichst knapp und deutlich zu berichten, was passiert ist. Du darfst dich nur an Tatsachen halten. Daher musst du auf folgende Fragen eine Antwort geben: Was? Wer? Wie? Wann? Warum? Mit welchen Folgen?*
> *In schriftlichen Berichten verwendet man meist das Präteritum.*

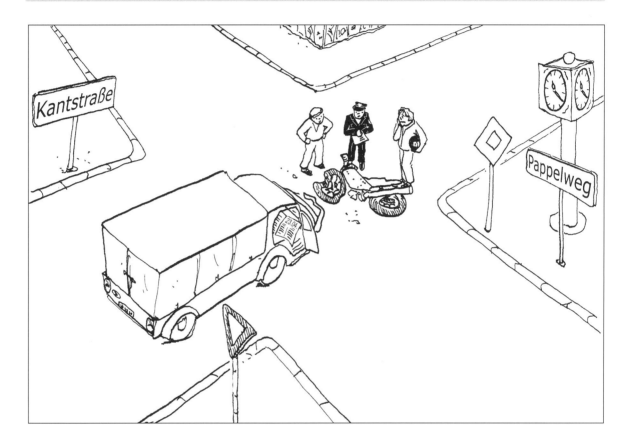

Als Polizist musst du nun zu Protokoll geben, was an der Kreuzung passiert ist.

Aufgabe: Schreibe nach obiger Zeichnung einen Polizeibericht.

Am 23. April des Jahres 2010 kam es um 11.20 Uhr auf der Kreuzung Kant-straße/Pappelweg zu einem Verkehrsunfall. Ein Lastwagen, der auf der Kant-straße fuhr, beachtete die Vorfahrt des von rechts kommenden Motorrades nicht und stieß auf der Kreuzungsmitte mit dem Motorrad zusammen. Es kam nicht zu Personenschäden. Am Lastwagen wurde die Stoßstange verbeult. Das Vorderrad des Motorrades kam zu Schaden.

Kathrin Mayer: Aufsatz- und Schreibformen · 5. Klasse · Best.-Nr. 536
© Brigg Pädagogik Verlag GmbH, Augsburg

Aufregung im Zoo

Leipzig – Für Aufregung sorgte der Ausbruch eines Löwen aus dem Leipziger Zoo. Wie die Polizei mitteilt, war das Raubtier am gestrigen Tag gegen neun Uhr morgens vom Zootierarzt betäubt worden, damit es in einen befreundeten Zoo verlegt werden konnte. Als der Löwe schlief, legte man ihn in die Transportkiste, die der Pfleger noch offen ließ, um einige Futtermittel zu besorgen. Die Narkose war wohl nicht richtig dosiert, jedenfalls erwachte das gefährliche Tier, bevor die Kiste geschlossen wurde und taumelte noch benommen durch den Zoo, vorbei an schockierten Besuchern und alarmierten Pflegern. Dank des beherzten Eingreifens des Tierarztes, der eine zweite Ladung Schlafmittel verschoss, konnte der Ausflug des Löwen am Pinguinbecken beendet werden. Wie zu erfahren war, verschlief das Tier seinen weiteren Transport ohne Zwischenfall.

 Aufgabe: Notiere zu dem Zeitungsartikel die wichtigen W-Fragen und beantworte sie.

Wer _____

Was _____

Wo _____

Wann _____

Wie _____

Warum _____

Welche Folgen _____

Kathrin Mayer: Aufsatz- und Schreibformen · 5. Klasse · Best.-Nr. 536
© Brigg Pädagogik Verlag GmbH, Augsburg

Aufregung im Zoo

Leipzig – Für Aufregung sorgte der Ausbruch eines Löwen aus dem Leipziger Zoo. Wie die Polizei mitteilt, war das Raubtier am gestrigen Tag gegen neun Uhr morgens vom Zootierarzt betäubt worden, damit es in einen befreundeten Zoo verlegt werden konnte. Als der Löwe schlief, legte man ihn in die Transportkiste, die der Pfleger noch offen ließ, um einige Futtermittel zu besorgen. Die Narkose war wohl nicht richtig dosiert, jedenfalls erwachte das gefährliche Tier, bevor die Kiste geschlossen wurde und taumelte noch benommen durch den Zoo, vorbei an schockierten Besuchern und alarmierten Pflegern. Dank des beherzten Eingreifens des Tierarztes, der eine zweite Ladung Schlafmittel verschoss, konnte der Ausflug des Löwen am Pinguinbecken beendet werden. Wie zu erfahren war, verschlief das Tier seinen weiteren Transport ohne Zwischenfall.

Aufgabe: Notiere zu dem Zeitungsartikel die wichtigen W-Fragen und beantworte sie.

Wer *konnte entkommen? Der Löwe des Leipziger Zoos konnte entkommen.*

Was *ist passiert? Der Löwe konnte einen Spaziergang durch den Zoo machen.*

Wo *befand sich der Löwe? Der Löwe lag in einer Transportkiste.*

Wann *ereignete sich der Vorfall? Es geschah gestern gegen neun Uhr.*

Wie *konnte der Löwe gestoppt werden? Der Tierarzt betäubte ihn mit einer*

weiteren Ladung Narkosemittel.

Oder:

Wie *konnte der Löwe entkommen? Die Kiste war offen.*

Warum *konnte der Löwe entkommen? Der Wärter hatte die Kiste offen gelassen.*

Welche *Folgen hatte der Ausflug? Kein Besucher wurde verletzt, auch der Löwe*

kam unbeschadet in seinem neuen Zuhause an.

Kathrin Mayer: Aufsatz- und Schreibformen · 5. Klasse · Best.-Nr. 536
© Brigg Pädagogik Verlag GmbH, Augsburg

Tante Helga erzählt ihrem Mann beim Abendbrot von dem aufregenden Erlebnis des Tages:

„Kaum zu glauben, was ich heute erlebt habe. Ich komme gerade vom Friseur – du weißt doch, der auf der Goethestraße – , da sehe ich, wie so ein wildgewordener Radfahrer mit einem Affenzahn an mir vorbeirast. Und das auch noch auf dem Gehweg! Jedenfalls schau ich dem jungen Raser mit seiner Strickmütze noch verdutzt nach, als ich sehe, wie von rechts aus dem Schillerweg Herr Krause mit seinem Rollstuhl herankommt. Seit seiner Operation an der Hüfte kann der arme Mann ja keine drei Schritte mehr laufen, dabei ist er erst 63 Jahre alt. Ich sehe also, wie der junge Kerl auf seinem Mountainbike noch einmal kräftig in die Pedale tritt und keinerlei Anstalten macht zu bremsen, da ist es auch schon passiert. Er fährt Herrn Krause einfach über den Haufen. Der Rollstuhl kippt um, Herr Krause liegt hilflos auf der Straße. Und was macht der rücksichtslose Radler? Er zieht nur seine schwarze Jeans hoch, wischt sich am blauen Sweatshirt die Hände ab, steigt wieder auf sein Rad und verschwindet. Ich bin gleich rüber zu Herrn Krause. Gemeinsam mit Friseur Schneider haben wir ihn dann wieder in den Rollstuhl gesetzt. Wir haben dann die Polizei und einen Arzt gerufen. Glücklicherweise hat sich Herr Krause nur das rechte Handgelenk verstaucht und ein paar Schürfwunden im Gesicht. Hoffentlich finden sie diesen Verkehrsrowdy. Man ist sich ja sonst seines Lebens nicht mehr sicher!"

Aufgabe: Formuliere nun Tante Helgas Schilderung so um, dass ein kurzer Bericht für die örtliche Zeitung entsteht.

Fahrerflucht auf dem Rad

Neustadt –

Kathrin Mayer: Aufsatz- und Schreibformen · 5. Klasse · Best.-Nr. 536
© Brigg Pädagogik Verlag GmbH, Augsburg

Tante Helga erzählt ihrem Mann beim Abendbrot von dem aufregenden Erlebnis des Tages:

„Kaum zu glauben, was ich heute erlebt habe. Ich komme gerade vom Friseur – du weißt doch, der auf der Goethestraße – , da sehe ich, wie so ein wildgewordener Radfahrer mit einem Affenzahn an mir vorbeirast. Und das auch noch auf dem Gehweg! Jedenfalls schau ich dem jungen Raser mit seiner Strickmütze noch verdutzt nach, als ich sehe, wie von rechts aus dem Schillerweg Herr Krause mit seinem Rollstuhl herankommt. Seit seiner Operation an der Hüfte kann der arme Mann ja keine drei Schritte mehr laufen, dabei ist er erst 63 Jahre alt. Ich sehe also, wie der junge Kerl auf seinem Mountainbike noch einmal kräftig in die Pedale tritt und keinerlei Anstalten macht zu bremsen, da ist es auch schon passiert. Er fährt Herrn Krause einfach über den Haufen. Der Rollstuhl kippt um, Herr Krause liegt hilflos auf der Straße. Und was macht der rücksichtslose Radler? Er zieht nur seine schwarze Jeans hoch, wischt sich am blauen Sweatshirt die Hände ab, steigt wieder auf sein Rad und verschwindet. Ich bin gleich rüber zu Herrn Krause. Gemeinsam mit Friseur Schneider haben wir ihn dann wieder in den Rollstuhl gesetzt. Wir haben dann die Polizei und einen Arzt gerufen. Glücklicherweise hat sich Herr Krause nur das rechte Handgelenk verstaucht und ein paar Schürfwunden im Gesicht. Hoffentlich finden sie diesen Verkehrsrowdy. Man ist sich ja sonst seines Lebens nicht mehr sicher!"

Aufgabe: Formuliere nun Tante Helgas Schilderung so um, dass ein kurzer Bericht für die örtliche Zeitung entsteht.

Fahrerflucht auf dem Rad

Neustadt – *Leicht verletzt wurde gestern ein 63-jähriger Rentner bei einem Zusammenstoß mit einem Fahrrad. Der Fahrradfahrer fuhr verkehrwidrig mit überhöhter Geschwindigkeit auf dem Gehweg in der Goethestraße, als von rechts aus dem Schillerweg der gehbehinderte Herbert K. in seinem Rollstuhl an die Kreuzung heranfuhr. Ohne sein Tempo zu verringern, missachtete der junge Fahrradfahrer die Vorfahrt und überfuhr Herrn K. Beim Sturz aus dem Rollstuhl zog sich der Rentner Schürfwunden im Gesicht und eine Stauchung des Handgelenkes zu. Der Unfallverursacher entfernte sich unerlaubt vom Unfallort. Die Polizei bittet daher um die Mithilfe der Bevölkerung. Der Täter soll etwa zwanzig Jahre alt sein und zum Tatzeitpunkt eine schwarze Jeans, ein blaues Sweatshirt und eine Strickmütze getragen haben.*

Kathrin Mayer: Aufsatz- und Schreibformen · 5. Klasse · Best.-Nr. 536
© Brigg Pädagogik Verlag GmbH, Augsburg

Die Wettervorhersage

Zeichen können einen Sachverhalt manchmal klarer ausdrücken als lange Texte. Das gilt auch für die Wettervorhersage.

| wolkig | Schnee | starker Wind |

| wolkenlos | heiter | leichter Wind |

| regnerisch | windstill | bedeckt |

Aufgabe: Überlege dir, wie du das Wetter auf See mit einem Zeichen darstellen könntest.

| ruhiges Meer | bewegtes Meer | stürmisches Meer |

Kathrin Mayer: Aufsatz- und Schreibformen · 5. Klasse · Best.-Nr. 536
© Brigg Pädagogik Verlag GmbH, Augsburg

Die Wettervorhersage

Zeichen können einen Sachverhalt manchmal klarer ausdrücken als lange Texte. Das gilt auch für die Wettervorhersage.

wolkig	Schnee	starker Wind
wolkenlos	heiter	leichter Wind
regnerisch	windstill	bedeckt

Aufgabe: Überlege dir, wie du das Wetter auf See mit einem Zeichen darstellen könntest.

| ruhiges Meer = *kaum gekräuselte Linie* | bewegtes Meer = *eine große Welle auf der Linie* | stürmisches Meer = *drei große Wellen auf der Linie* |

Wetter in Deutschland

Aufgabe: Schreibe einen Wetterbericht für die abgebildete Wetterkarte.

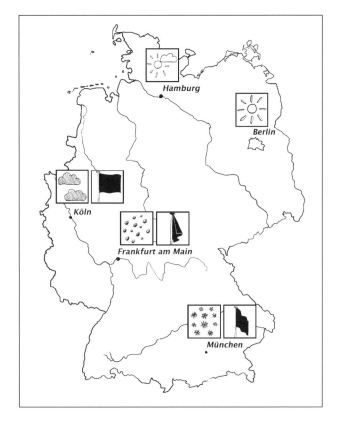

Kathrin Mayer: Aufsatz- und Schreibformen · 5. Klasse · Best.-Nr. 536
© Brigg Pädagogik Verlag GmbH, Augsburg

Wetter in Deutschland

Aufgabe: Schreibe einen Wetterbericht für die abgebildete Wetterkarte.

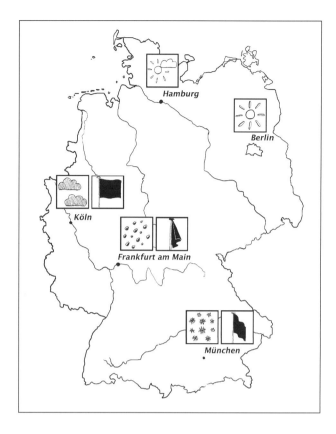

Morgen wird es in Berlin den Tag über sonnig. In Hamburg hingegen wird es heiter mit nur wenigen Wolken. Köln muss morgen mit starkem Wind rechnen, auch bleibt es den ganzen Tag über bedeckt. Regnerisch, aber dafür windstill zeigt sich das Wetter morgen in Frankfurt. Nur München kann mit Schnee rechnen, der von leichtem Wind kaum aufgewirbelt wird.

Kathrin Mayer: Aufsatz- und Schreibformen · 5. Klasse · Best.-Nr. 536
© Brigg Pädagogik Verlag GmbH, Augsburg

Verkehrsschilder enthalten wichtige Mitteilungen, die wir auf einen Blick erfassen müssen. Daher haben hier auch Farben eine bestimmte Aussage.

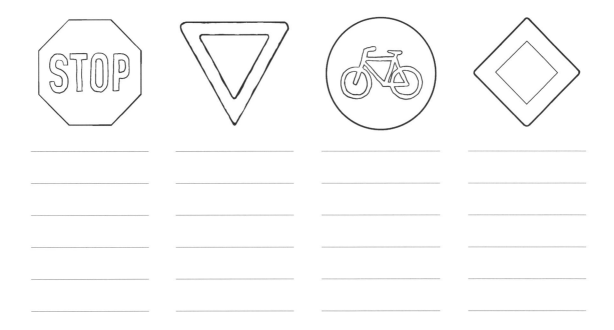

Aufgabe 3a: Malt die Schilder oben in den richtigen Farben aus und schreibt unter jedes Verkehrszeichen, was es bedeutet. Überlegt euch, welche Bedeutung die unterschiedlichen Farben haben.

Aufgabe 3b: Malt die Schilder an eine passende Stelle in das Straßenbild.

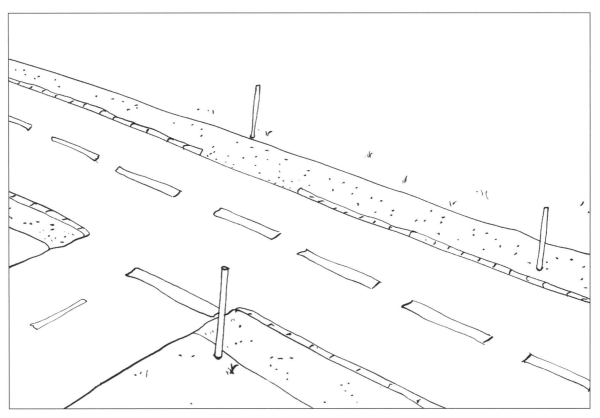

Kathrin Mayer: Aufsatz- und Schreibformen · 5. Klasse · Best.-Nr. 536
© Brigg Pädagogik Verlag GmbH, Augsburg

Verkehrsschilder enthalten wichtige Mitteilungen, die wir auf einen Blick erfassen müssen. Daher haben hier auch Farben eine bestimmte Aussage.

Aufgabe 3a: Malt die Schilder oben in den richtigen Farben aus und schreibt unter jedes Verkehrszeichen, was es bedeutet. Überlegt euch, welche Bedeutung die unterschiedlichen Farben haben.

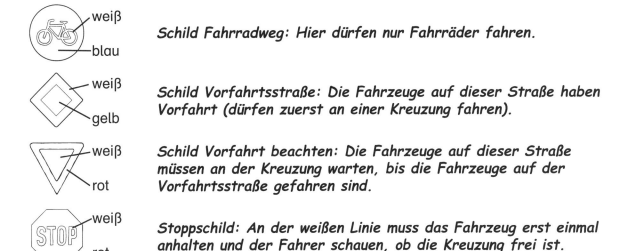

weiß
blau

Schild Fahrradweg: Hier dürfen nur Fahrräder fahren.

weiß
gelb

Schild Vorfahrtsstraße: Die Fahrzeuge auf dieser Straße haben Vorfahrt (dürfen zuerst an einer Kreuzung fahren).

weiß
rot

Schild Vorfahrt beachten: Die Fahrzeuge auf dieser Straße müssen an der Kreuzung warten, bis die Fahrzeuge auf der Vorfahrtsstraße gefahren sind.

weiß
rot

Stoppschild: An der weißen Linie muss das Fahrzeug erst einmal anhalten und der Fahrer schauen, ob die Kreuzung frei ist.

Die Farbe Rot weißt auf eine Gefahr, eine gefährliche Situation hin. Blau steht für Gebot.

Das Vorfahrtsschild ist als einziges Verkehrszeichen gelb. Fällt auf, weist aber nicht auf eine besondere Gefahr hin.

Aufgabe 3 b: Malt die Schilder an eine passende Stelle in das Straßenbild.

Der neue Flughafen

Der neue Flughafen ist endlich fertig. Nächste Woche soll er feierlich eröffnet werden. Allerdings gibt es ein kleines Problem. Die Beschilderung fehlt noch. Es müssen nun Hinweisschilder entworfen werden, die den Weg zur Toilette, zum Zoll, zur Gepäckausgabe, zum Restaurant und zur Abflughalle zeigen. Da auf dem Flughafen Menschen aus allen Kontinenten starten und landen, dürfen die Schilder keine Schriftzeichen enthalten. Sie müssen allgemein und sofort verständlich sein.

 Aufgabe: Entwerft zu zweit die fünf benötigten Schilder und stellt sie anschließend in der Klasse aus. Verstehen alle Klassenkameraden eure Hinweise?

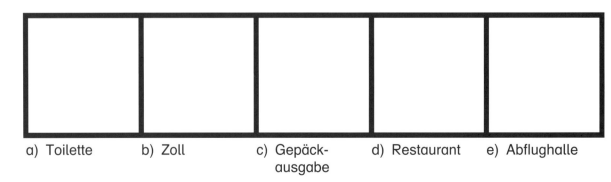

a) Toilette	b) Zoll	c) Gepäck-ausgabe	d) Restaurant	e) Abflughalle

Kathrin Mayer: Aufsatz- und Schreibformen · 5. Klasse · Best.-Nr. 536
© Brigg Pädagogik Verlag GmbH, Augsburg

Der neue Flughafen

Der neue Flughafen ist endlich fertig. Nächste Woche soll er feierlich eröffnet werden. Allerdings gibt es ein kleines Problem. Die Beschilderung fehlt noch. Es müssen nun Hinweisschilder entworfen werden, die den Weg zur Toilette, zum Zoll, zur Gepäckausgabe, zum Restaurant und zur Abflughalle zeigen. Da auf dem Flughafen Menschen aus allen Kontinenten starten und landen, dürfen die Schilder keine Schriftzeichen enthalten. Sie müssen allgemein und sofort verständlich sein.

Aufgabe: Entwerft zu zweit die fünf benötigten Schilder und stellt sie anschließend in der Klasse aus. Verstehen alle Klassenkameraden eure Hinweise?

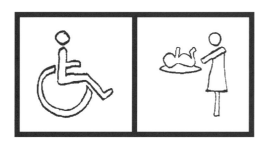

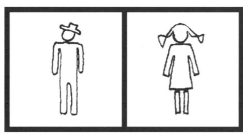

a) Mögliche Beschilderung für „Toilette"

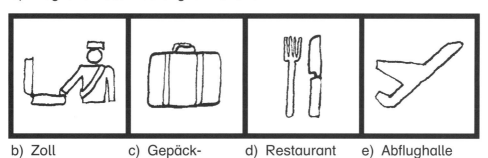

b) Zoll   c) Gepäck-   d) Restaurant   e) Abflughalle
                    ausgabe

F. Adressatenorientiertes Schreiben

Eine SMS übersetzen

Viele Verabredungen treffen wir per SMS über das Mobiltelefon. Mittlerweile hat sich eine eigene Kurzsprache entwickelt, die aber nicht für jeden zu verstehen ist. Jonas möchte seiner Tante Ingeborg etwas mitteilen und schreibt ihr eine SMS. Leider versteht Tante Ingeborg nicht, was Jonas von ihr will.

Aufgabe: Hilf ihr und übersetze die SMS in korrektes Deutsch.

_____

_____

_____

_____

_____

_____

_____

Kathrin Mayer: Aufsatz- und Schreibformen · 5. Klasse · Best.-Nr. 536
© Brigg Pädagogik Verlag GmbH, Augsburg

Eine SMS übersetzen

Viele Verabredungen treffen wir per SMS über das Mobiltelefon. Mittlerweile hat sich eine eigene Kurzsprache entwickelt, die aber nicht für jeden zu verstehen ist. Jonas möchte seiner Tante Ingeborg etwas mitteilen und schreibt ihr eine SMS. Leider versteht Tante Ingeborg nicht, was Jonas von ihr will.

Aufgabe: Hilf ihr und übersetze die SMS in korrektes Deutsch.

Hallo Tante Ingeborg,
hast du morgen Zeit? Wollen wir irgendwo ein Eis essen gehen? Schreib ganz schnell zurück! Wir sehen uns später. Liebe Grüße Jonas

Legende:

hdmz – hast du morgen Zeit
I-wo – irgendwo
sgsz – schreib ganz schnell zurück
cul8er – see you later
☺ – freundliches Gesicht, Freude

Lexikon der Kurzformeln

Aufgabe: Schreibe eine SMS in Kurzsprache auf ein Blatt Papier. Sammelt die Nachrichten ein. Nun zieht jeder eine der Nachrichten und versucht, die Botschaft zu entschlüsseln. Notiert eure Eindrücke. Versucht zu formulieren, welche Schwierigkeiten auftauchen können.

(die Liste kann von euch ergänzt werden):

bb bye bye / bis bald

cu see you

cul8er see you later
 (= ich seh' dich später)

hdgdl hab dich ganz doll lieb

hdmz hast du morgen Zeit

icq i seek you / ich suche dich

ida ich dich auch

ild ich liebe dich

i-wann irgendwann

i-wer irgendwer

i-wo irgendwo

ka keine Ahnung

kp kein Plan

O.ô fragend angucken

pls please / bitte

sgsz schreib ganz schnell zurück

ssz schreib schnell zurück

teln telefonieren

thx thanks / danke

vllt vielleicht

☺ lächeln

-.- genervt sein

:p Zunge rausstrecken

x) lachen

xD lachen

_____

_____

_____

_____

_____

_____

_____

_____

Kathrin Mayer: Aufsatz- und Schreibformen · 5. Klasse · Best.-Nr. 536
© Brigg Pädagogik Verlag GmbH, Augsburg

Eine SMS aus dem Bundeskanzleramt

Inzwischen tauschen auch Erwachsene SMS über wichtige Dinge aus. So ist von der Bundeskanzlerin Frau Dr. Merkel bekannt, dass sie viele Termine über SMS abspricht. Beim Eintippen ist es auch hier wichtig, möglichst kurze Botschaften zu senden – doch ohne Kurzsprache.

Die Bundeskanzlerin schickt an ihren Staatssekretär Müller folgende SMS:

1) Lande später 16.20 Berlin Tegel. Bitte Wagen schicken. 2) Habe Akten vergessen. Wann geht Eilpost nach Paris? 3) Mittagessen mit Präsident Obama und Frau. Blumen besorgen.

Leider hat Müllers Sohn das Mobiltelefon in den Händen und antwortet für seinen Vater.

1) auto da, cul8er - 2) kp -.- 3) ka wer sind die?

Aufgabe: Du kannst jetzt Schlimmeres verhindern und schickst die richtigen SMS ab. Formuliere jeweils eine kurze, aber korrekte Antwort:

_____

_____

_____

_____

_____

_____

Kathrin Mayer: Aufsatz- und Schreibformen · 5. Klasse · Best.-Nr. 536
© Brigg Pädagogik Verlag GmbH, Augsburg

Eine SMS aus dem Bundeskanzleramt

Inzwischen tauschen auch Erwachsene SMS über wichtige Dinge aus. So ist von der Bundeskanzlerin Frau Dr. Merkel bekannt, dass sie viele Termine über SMS abspricht. Beim Eintippen ist es auch hier wichtig, möglichst kurze Botschaften zu senden – doch ohne Kurzsprache.

Die Bundeskanzlerin schickt an ihren Staatssekretär Müller folgende SMS:

> 1) Lande später 16.20 Berlin Tegel. Bitte Wagen schicken. 2) Habe Akten vergessen. Wann geht Eilpost nach Paris? 3) Mittagessen mit Präsident Obama und Frau. Blumen besorgen.

Leider hat Müllers Sohn das Mobiltelefon in den Händen und antwortet für seinen Vater.

> 1) auto da, cul8er - 2) kp -.- 3) ka wer sind die?

Aufgabe: Du kannst jetzt Schlimmeres verhindern und schickst die richtigen SMS ab. Formuliere jeweils eine kurze, aber korrekte Antwort:

1) *Wagen pünktlich da.*

2) *Akten um 13.30 geschickt.*

3) *Strauß kommt ins Lokal.*

Kathrin Mayer: Aufsatz- und Schreibformen · 5. Klasse · Best.-Nr. 536
© Brigg Pädagogik Verlag GmbH, Augsburg

Sachlicher Brief

In Briefen und E-Mails schreibt man das Pronomen Sie und seine Formen (Ihre, Ihren, Ihres …) in der höflichen Anrede groß.

Aufgabe: Setzt in die Lücken im Brief die passenden Pronomen ein.

Sehr geehrter Herr Dr. Müller,

wir freuen uns, _____ mitteilen zu können, dass

_____ der Sieger unseres Preisrätsels sind. Wir gratulieren

_____ zum Gewinn von hundert Kästen Apfelsaft unserer

Marke Goldsaft. Die Spitzenqualität unseres Produktes wird

_____ sicher überzeugen. Wir hoffen, dass der Saft

_____ und _____ Familie schmecken wird. Zudem

laden wir _____ und _____ Gattin zu unserem

Sommerfest ein, zu dem _____ der Preis überreicht werden

wird.

Mit freundlichen Grüßen

Lothar Herbst

Geschäftsführer Goldsaft GmbH

Kathrin Mayer: Aufsatz- und Schreibformen · 5. Klasse · Best.-Nr. 536
© Brigg Pädagogik Verlag GmbH, Augsburg

Sachlicher Brief

In Briefen und E-Mails schreibt man das Pronomen Sie und seine Formen (Ihre, Ihren, Ihres ...) in der höflichen Anrede groß.

Aufgabe: Setzt in die Lücken im Brief die passenden Pronomen ein.

Sehr geehrter Herr Dr. Müller,

wir freuen uns, *Ihnen* mitteilen zu können, dass *Sie* der Sieger unseres Preisrätsels sind. Wir gratulieren *Ihnen* zum Gewinn von hundert Kästen Apfelsaft unserer Marke Goldsaft. Die Spitzenqualität unseres Produktes wird *Sie* sicher überzeugen. Wir hoffen, dass der Saft *Ihnen* und *Ihrer* Familie schmecken wird. Zudem laden wir *Sie* und *Ihre* Gattin zu unserem Sommerfest ein, zu dem *Ihnen* der Preis überreicht werden wird.

Mit freundlichen Grüßen

Lothar Herbst

Geschäftsführer Goldsaft GmbH

Kathrin Mayer: Aufsatz- und Schreibformen · 5. Klasse · Best.-Nr. 536
© Brigg Pädagogik Verlag GmbH, Augsburg

Eine E-Mail zum Sommerfest

E-Mails sind nichts anderes als elektronische Briefe. Deshalb muss man auch bei der Formulierung von E-Mails darauf achten, dass man alle Merkmale eines guten Briefes beachtet. Das hat die Verfasserin folgender E-Mail leider vergessen.

Aufgabe: Korrigiere sie und schreibe die E-Mail in korrekter Form darunter.

Outlook – Mail

Datei   Bearbeiten   Ansicht   Favoriten   Extras   Aktionen   ?

Arial   ▾ 10 ▾ **B** *I* U

Send   Options...   HTML

An..   ulrike.kleine@postkasten.de

Cc...

Betreff: Einladung zum Sommerfest

Wir möchten sie zu unserem Sommerfest am 26. Juli um 20.00 Uhr in der Gaststätte „Grüner Baum" einladen. Wir würden uns freuen, sie begrüßen zu dürfen. Gern auch mit Begleitung ;-)
MfG
Gisela Bauer

Eine E-Mail zum Sommerfest

E-Mails sind nichts anderes als elektronische Briefe. Deshalb muss man auch bei der Formulierung von E-Mails darauf achten, dass man alle Merkmale eines guten Briefes beachtet. Das hat die Verfasserin folgender E-Mail leider vergessen.

Aufgabe: Korrigiere sie und schreibe die E-Mail in korrekter Form darunter.

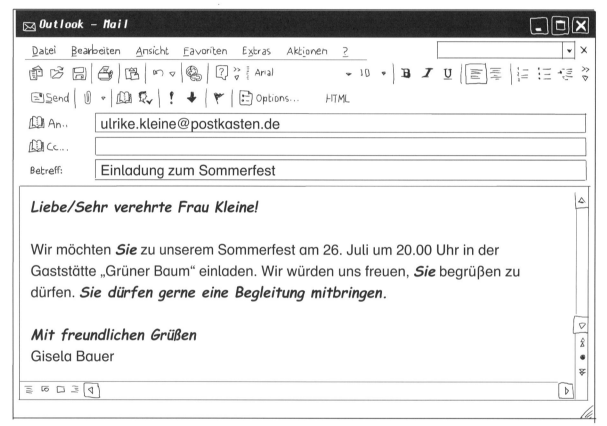

Es fehlt die Anrede.
Das Pronomen Sie als höfliche Anrede ist hier kleingeschrieben.
Icons wie ein lachendes Gesicht sind in einer offiziellen E-Mail unpassend.
Auf keinen Fall dürfen Höflichkeitsformeln zum Abschied abgekürzt werden, das ist unhöflich!

Kathrin Mayer: Aufsatz- und Schreibformen · 5. Klasse · Best.-Nr. 536
© Brigg Pädagogik Verlag GmbH, Augsburg

Einladung zur Klassenfeier

Ihr plant zum Abschluss des Schuljahres eine Klassenfeier, zu der auch die Eltern eingeladen werden sollen. Einige Eltern besitzen einen Computer und haben eine E-Mail-Adresse, andere muss man durch einen Brief einladen.

Aufgabe: Entwerft eine Einladung als E-Mail in höflicher Form an die Eltern.

☒ Outlook – Mail   [_][□][X]

Datei   Bearbeiten   Ansicht   Favoriten   Extras   Aktionen   ?

Arial   10   **B** *I* U

Send | Options...   HTML

An..	mueller.a@post.com
Cc...	andrea-schulze@e-post.de, t.gross@brief.de
Betreff:	Einladung zur Klassenfeier

Kathrin Mayer: Aufsatz- und Schreibformen · 5. Klasse · Best.-Nr. 536
© Brigg Pädagogik Verlag GmbH, Augsburg

Einladung zur Klassenfeier

Ihr plant zum Abschluss des Schuljahres eine Klassenfeier, zu der auch die Eltern eingeladen werden sollen. Einige Eltern besitzen einen Computer und haben eine E-Mail-Adresse, andere muss man durch einen Brief einladen.

Aufgabe: Entwerft eine Einladung als E-Mail in höflicher Form an die Eltern.

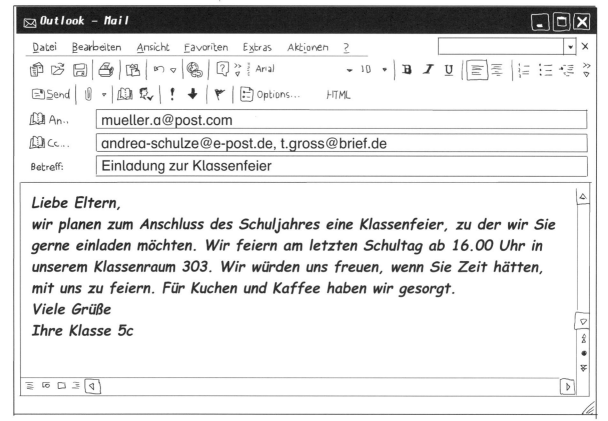

Outlook – Mail

Datei Bearbeiten Ansicht Favoriten Extras Aktionen ?

Arial   ▾ 10 ▾ **B** *I* U

Send   Options...   HTML

An..   mueller.a@post.com

Cc...   andrea-schulze@e-post.de, t.gross@brief.de

Betreff: Einladung zur Klassenfeier

Liebe Eltern,
wir planen zum Anschluss des Schuljahres eine Klassenfeier, zu der wir Sie
gerne einladen möchten. Wir feiern am letzten Schultag ab 16.00 Uhr in
unserem Klassenraum 303. Wir würden uns freuen, wenn Sie Zeit hätten,
mit uns zu feiern. Für Kuchen und Kaffee haben wir gesorgt.
Viele Grüße
Ihre Klasse 5c

Kathrin Mayer: Aufsatz- und Schreibformen · 5. Klasse · Best.-Nr. 536
© Brigg Pädagogik Verlag GmbH, Augsburg

Einladung zur Klassenfeier

Ihr plant zum Abschluss des Schuljahres eine Klassenfeier, zu der auch die Eltern eingeladen werden sollen. Einige Eltern besitzen einen Computer und haben eine E-Mail-Adresse, andere muss man durch einen Brief einladen.

Aufgabe: Entwerft eine Einladung in Briefform in höflicher Form an die Eltern.

Gernot Friede, Pappelallee 13, 00815 Dorfstadt
Albert Seite, Am Markt 2, 00815 Dorfstadt

Einladung zur Klassenfeier

Ihr plant zum Abschluss des Schuljahres eine Klassenfeier, zu der auch die Eltern eingeladen werden sollen. Einige Eltern besitzen einen Computer und haben eine E-Mail-Adresse, andere muss man durch einen Brief einladen.

Aufgabe: Entwerft eine Einladung in Briefform in höflicher Form an die Eltern.

Gernot Friede, Pappelallee 13, 00815 Dorfstadt
Albert Seite, Am Markt 2, 00815 Dorfstadt

An Herrn
Gernot Friede
Pappelallee 13
00815 Dorfstadt

Dorfstadt, den 13.Juli

Liebe Eltern,
wir planen zum Abschluss des Schuljahres eine Klassenfeier,
zu der wir Sie gerne einladen möchten. Wir feiern am letzten
Schultag ab 16.00 Uhr in unserem Klassenraum 303.
Wir würden uns freuen, wenn Sie Zeit hätten, mit uns zu
feiern. Für Kuchen und Kaffee haben wir gesorgt.

Viele Grüße

Ihre Klasse 5c

Kathrin Mayer: Aufsatz- und Schreibformen · 5. Klasse · Best.-Nr. 536
© Brigg Pädagogik Verlag GmbH, Augsburg

Einladung zu einer Klassenfeier

Euer Freund Toni ist schon seit ein paar Wochen krank. Ihr wollt ihn mit einer E-Mail zu der Feier einladen.

Aufgabe: Verfasse eine E-Mail.

Einladung zu einer Klassenfeier

Euer Freund Toni ist schon seit ein paar Wochen krank. Ihr wollt ihn mit einer E-Mail zu der Feier einladen.

Aufgabe: Verfasse eine E-Mail.

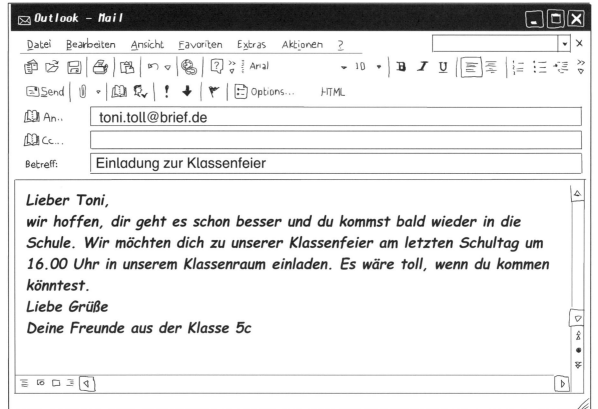

Outlook – Mail

Datei   Bearbeiten   Ansicht   Favoriten   Extras   Aktionen   ?

Arial   10   **B**   *I*   U   ...

Send   Options...   HTML

An.. | toni.toll@brief.de

Cc...

Betreff: | Einladung zur Klassenfeier

Lieber Toni,
wir hoffen, dir geht es schon besser und du kommst bald wieder in die
Schule. Wir möchten dich zu unserer Klassenfeier am letzten Schultag um
16.00 Uhr in unserem Klassenraum einladen. Es wäre toll, wenn du kommen
könntest.
Liebe Grüße
Deine Freunde aus der Klasse 5c

Kathrin Mayer: Aufsatz- und Schreibformen · 5. Klasse · Best.-Nr. 536
© Brigg Pädagogik Verlag GmbH, Augsburg

Ärger mit dem MP3-Player I

Patrick hat sich von seinem Geburtstagsgeld einen neuen MP3-Player gekauft. Doch leider funktioniert er schon nicht mehr. Das ist ein Fall für die Garantie, denkt er sich, und schreibt dem Geschäft einen Brief.

Aufgabe: Überlege, ob Patrick mit diesem Brief Erfolg haben wird. Schreibe auf, was Patrick vergessen hat und besser machen könnte.

Firma Elektro-Karl

Kabelweg 8

44545 Antennendorf

Das ist ja so was von fies, dass das blöde Gerät jetzt schon kaputt ist. Gestern wollte ich schön Musik hören – aber nichts ist. Das lasse ich mir nicht gefallen!!

Ich bin stinksauer!!!!

Patrick

Was hat Patrick vergessen?

_____

_____

_____

Was könnte Patrick besser machen, damit seine Reklamation Erfolg hat?

_____

_____

_____

Kathrin Mayer: Aufsatz- und Schreibformen · 5. Klasse · Best.-Nr. 536
© Brigg Pädagogik Verlag GmbH, Augsburg

Ärger mit dem MP3-Player I

Patrick hat sich von seinem Geburtstagsgeld einen neuen MP3-Player gekauft. Doch leider funktioniert er schon nicht mehr. Das ist ein Fall für die Garantie, denkt er sich, und schreibt dem Geschäft einen Brief.

Aufgabe: Überlege, ob Patrick mit diesem Brief Erfolg haben wird. Schreibe auf, was Patrick vergessen hat und besser machen könnte.

Firma Elektro-Karl

Kabelweg 8

44545 Antennendorf

Das ist ja so was von fies, dass das blöde Gerät jetzt schon kaputt ist. Gestern wollte ich schön Musik hören – aber nichts ist. Das lasse ich mir nicht gefallen!!

Ich bin stinksauer!!!!

Patrick

Was hat Patrick vergessen?

Patrick verwendet keine Anrede und keine Grußformel. Außerdem schreibt er nicht seinen vollen Namen, so dass das Unternehmen nicht weiß, von wem die Reklamation ist. Außerdem hat er nicht erwähnt, welches Gerät er wann, wo und wie erworben hat. Zudem erklärt er nicht, welchen Schaden das Gerät hat und was er von dem Geschäft erwartet.

Was könnte Patrick besser machen, damit seine Reklamation Erfolg hat?

Patricks Ton ist unangemessen. Mit derben Sprüchen und Beleidigungen kommt er nicht weiter. Patrick muss den Brief in einem sachlichen Ton schreiben. Seine Wut gehört hier nicht hinein.

Kathrin Mayer: Aufsatz- und Schreibformen · 5. Klasse · Best.-Nr. 536
© Brigg Pädagogik Verlag GmbH, Augsburg

Ärger mit dem MP3-Player II

Patricks Brief hatte natürlich keinen Erfolg – er versucht es nun also noch einmal. Jetzt braucht er deine Hilfe. Schreibe für Patrick diesen Brief. Verwende dafür einige der Sätze, die im Kästchen vorgegeben sind.

Aufgabe: Such die passenden Sätze heraus und setze den Brief zusammen.

Hilfskasten mit Satzvorgaben:
Lieber Herr … Sehr geehrter Herr … Sehr geehrte Damen und Herren …
Anbei lege ich eine Kopie des Garantiescheins und des Kaufbelegs.
Beim Herunterladen der Musik habe ich festgestellt, dass das Gerät nicht funktioniert.
Damit ist ein klarer Garantiefall eingetreten.
Vorige Woche habe ich einen MP3-Player bei Ihnen gekauft, der leider jetzt schon nicht mehr funktioniert …
Ich schicke Ihnen meinen MP3-Player, den ich letzte Woche bei Ihnen gekauft habe …
Reparieren Sie bitte das Gerät oder schicken Sie mir ein neues Gerät zu.
Mit freundlichen Grüßen … Mit vielen Grüßen … Mit herzlichen Grüßen … Bis bald …

Firma Elektro-Karl

Kabelweg 8

44545 Antennendorf

Hügelheim, 21.3.2010

Reklamation eines MP3-Players

_____

_____

_____

_____

_____

_____

_____

Ärger mit dem MP3-Player II

Patricks Brief hatte natürlich keinen Erfolg – er versucht es nun also noch einmal. Jetzt braucht er deine Hilfe. Schreibe für Patrick diesen Brief. Verwende dafür einige der Sätze, die im Kästchen vorgegeben sind.

Aufgabe: Such die passenden Sätze heraus und setze den Brief zusammen.

Hilfskasten mit Satzvorgaben:
Lieber Herr … Sehr geehrter Herr … Sehr geehrte Damen und Herren …
Anbei lege ich eine Kopie des Garantiescheins und des Kaufbelegs.
Beim Herunterladen der Musik habe ich festgestellt, dass das Gerät nicht funktioniert.
Damit ist ein klarer Garantiefall eingetreten.
Vorige Woche habe ich einen MP3-Player bei Ihnen gekauft, der leider jetzt schon nicht mehr funktioniert …
Ich schicke Ihnen meinen MP3-Player, den ich letzte Woche bei Ihnen gekauft habe …
Reparieren Sie bitte das Gerät oder schicken Sie mir ein neues Gerät zu.
Mit freundlichen Grüßen … Mit vielen Grüßen … Mit herzlichen Grüßen … Bis bald …

Firma Elektro-Karl

Kabelweg 8

44545 Antennendorf

Hügelheim, 21.3.2010

Reklamation eines MP3-Players

Sehr geehrte Damen und Herren,

ich schicke Ihnen meinen MP3-Player, den ich letzte Woche bei Ihnen gekauft habe. Beim Herunterladen der Musik habe ich festgestellt, dass das Gerät nicht funktioniert. Damit ist ein klarer Garantiefall eingetreten.
Reparieren Sie bitte das Gerät oder schicken Sie mir ein neues Gerät zu.
Anbei lege ich eine Kopie des Garantiescheins und des Kaufbelegs.

Mit freundlichen Grüßen
Patrick Müller

Kathrin Mayer: Aufsatz- und Schreibformen · 5. Klasse · Best.-Nr. 536
© Brigg Pädagogik Verlag GmbH, Augsburg

Ärger mit dem MP3-Player III

Patrick ist immer noch sauer, dass sein neuer MP3-Player nicht funktioniert. Er spricht mit seinem Freund Viktor: „Kannst du mir helfen, eine Reklamation an das Elektrogeschäft zu schreiben? Vor einer Woche habe ich für 65 Euro einen MP3-Player von SODEX bei denen gekauft. Als ich ihn zu Hause ausgepackt habe und Musik laden wollte, hat das Gerät schon nicht funktioniert. Den Kassenbeleg und Garantieschein habe ich noch." Viktor kennt sich schon aus mit Reklamationen und verspricht zu helfen.

Aufgabe: Schreibe nun den angefangenen Reklamationsbrief für Patrick zu Ende.

Firma Elektro-Karl

Kabelweg 8

44545 Antennendorf

Hügelheim, 21.3.2010

Reklamation eines MP3-Players

_____

_____

_____

_____

_____

_____

_____

_____

_____

_____

Kathrin Mayer: Aufsatz- und Schreibformen · 5. Klasse · Best.-Nr. 536
© Brigg Pädagogik Verlag GmbH, Augsburg

Ärger mit dem MP3-Player III

Patrick ist immer noch sauer, dass sein neuer MP3-Player nicht funktioniert. Er spricht mit seinem Freund Viktor: „Kannst du mir helfen, eine Reklamation an das Elektrogeschäft zu schreiben? Vor einer Woche habe ich für 65 Euro einen MP3-Player von SODEX bei denen gekauft. Als ich ihn zu Hause ausgepackt habe und Musik laden wollte, hat das Gerät schon nicht funktioniert. Den Kassenbeleg und Garantieschein habe ich noch." Viktor kennt sich schon aus mit Reklamationen und verspricht zu helfen.

Aufgabe: Schreibe nun den angefangenen Reklamationsbrief für Patrick zu Ende.

Firma Elektro-Karl

Kabelweg 8

44545 Antennendorf

Hügelheim, 21.3.2010

Reklamation eines MP3-Players

Sehr geehrte Damen und Herren,

vorige Woche habe ich bei Ihnen für 65 Euro einen MP3-Player der Marke SODEX gekauft. Zu meinem Bedauern musste ich feststellen, dass das Gerät schon beim Herunterladen von Musik nicht funktioniert hat. Aus diesem Grund möchte ich die Garantieleistung in Anspruch nehmen. Ich bitte Sie, das Gerät zu reparieren oder mir ein neues Gerät zuzuschicken.

Mit freundlichen Grüßen
Patrick Müller

Kathrin Mayer: Aufsatz- und Schreibformen · 5. Klasse · Best.-Nr. 536
© Brigg Pädagogik Verlag GmbH, Augsburg